ПРОСВЕТА

На дан 28. јуна 1914. поред обале реке Миљацке у Сарајеву, аустријског надвојводу Франца Фердинанда, поред Гаврила Принципа, чекала су још шесторица атентатора-завереника. Цвјетко Поповић и Васо Чубриловић, најмлађи од седморице, дочекали су живи крај Првог светског рата. Цвјетко Поповић је написао ову књигу, коју је 1969. године издала „Просвета“. У овој књизи је, поред осталог, записано и сведочење о јединој Принциповој (а неузвраћеној) љубави – девојци Јелени.

Издавање ове књиге је помогло
предузеће „ЈОМИЛ“ д.о.о.
Београд

Цветко Ђ. Поповић

САРАЈЕВСКИ ВИДОВДАН 1914

доживљаји и сећања

Друго издање

ПРОСВЕТА
2014.

Цветко Поповић

УВОД

За правилно схватање Сарајевског атентата нужно је да се знају прилике које су довеле до њега. А да се схвати и правилно оцени дело омладинаца који су извели атентат, потребно је знати средину у којој су живели и идеје којима су се заносили. Ко се не упозна са економским и политичким приликама у Босни и Херцеговини од 1908–1914. године и са стањем у студентској и средњошколској омладини тога периода, тај не може схватити ни разумети зашто је и како дошло до Сарајевског атентата. До сада је од свих писаца у томе највише успео др Владимир Дедијер.

Настојао сам да укратко прикажем политичку активност сарајевске средњошколске омладине из чије је средине, директно или индиректно, седморо учествовало у атентату. Учесници поменутих догађаја, који су још живи, могли би моја излагања допунити, евентуално и исправити, што би допринело да се верније утврди историјска истина.

Имамо две врсте мемоара: мемоари писани на основу вођеног дневника или повремених забележака и мемоари писани на основу сећања после дужег времена. Док први износе догађаје са мање или више потпуности и верности, други су врло непоуздани и њихова вредност зависи у првом реду од доброг памћења писца. У таквим мемоарима, краћим и дужим, сваки час се сусрећемо са изразима несигурног сећања као што су: „Чини ми се”, „нисам сигуран”, „не сећам се тачно” и сл., што чини такав материјал јако непоузданим и смањује му документарну вредност. Такви подаци добијају своју вредност тек упоређивањем са другим исказима и изворима. Тако, на пример, осећајући да га је памћење издало, Иво Крањчевић у својим Успоменама, говорећи о догађајима после фебруарских демонстрација 1912. године, каже: „Даље успомене о овом случају нису ми познате, јер другови који су у њему учествовали не слажу се са мном. Увјерен сам да су они у праву и према њиховим напоменама износим следеће догађаје” (Успомене једног учесника у Сарајевском атентату, стр. 37 – Сарајево 1954,). Могао би се навести низ случајева несигурности и нетачности у сећањима досадашњих писаца о напредној сарајевској омладини пре Сарајевског атентата, као и о самом атентату, почевши од Боривоја Јевтића, па све до др Драгослава Љубибратића.

Неке своје доживљаје и сећања објавио сам први пут 1928. године (Политика, од 31. III до 5. IV 1928 – Београд), дакле, релативно после кратког времена од стварног збивања догађаја, па сам тада многе ствари још добро и тачно памтио, али и ту је било нетачних сећања која сам сада исправио. У међувремену пратио сам све што се код нас писало о Сарајевском атентату и ондашњој босанској омладини и запазио да сам у објављивању својих успомена био доста шкрт. Стога сам у овом другом издању многа места допунио и проширио, нарочито о животу у затвору. Разуме се, данас (1967), после више од педесет година, морао сам се ограничити само на оне доживљаје који су се још задржали у мом памћењу, али да и ту може бити грешака, сасвим је разумљиво. Многа сам имена заборавио, а у неким случајевима ни сам временски ток догађаја није ми јасан и сигуран. Да би тих грешака било што мање, сравњивао сам своја сећања са сачуваним документима у архивама и са делима и чланцима о Сарајевском атентату и активности ондашње националистичке омладине у Босни и Херцеговини.

На крају, потребно је разбити једну прилично раширену заблуду. Кад год би изишла каква књига о Сарајевском атентату или какав чланак (расправа), увек би ме познаници салетали са питањем зашто ја или Васо Чубриловић не пишемо о атентату као „најпозванији" и једини живи директни учесници. Они замишљају да смо ми, самим тим што смо били учесници, знали све: како је дошло до атентата, како је текла организација и ко је све учествовао у том подухвату. А нас двојица смо тада (1914) врло мало знали о свему томе. Све што смо знали било је да се атентат спрема и да га организује Данило Илић, и ништа више. Ко је одлучио да се изведе атентат, како ће се доћи до потребног оружја, ко ће још учествовати сем нас двојице, тада нам је све то било непознато. Зато наше тадашње знање о атентату је само неколико камичака у целокупном мозаику. Много тога сазнали смо тек у току судске расправе. Оно што данас знамо о атентату је плод проучавања архивског материјала и објављених дела – материјал доступан сваком историчару. Према томе, ни ја, а ни Васо, нисмо у неком изузетном положају у погледу целокупне слике о Сарајевском атентату. Као што рекох, наши доживљаји могу само да допринесу да та слика у извесним својим деловима буде тачнија. У томе уједно налазим и оправдање за објављивање ове књиге.

ДЕО ПРВИ

Ђачке године у Бањој Луци

Ту сам одрастао, завршио осиовну школу и четири разреда Велике реалке (1907–1911). Знао сам да у нашој реалци постоје тајна ђачка друштва, Срби су имали своје, а Хрвати своје. Као ученик нижих разреда нисам могао бити члан српског тајног друштва. Кад ми је отац премештен у Приједор за управитеља основне школе, док сам био у III разреду реалке становао сам код Гржете, управника Окружног затвора, познатог под именом „Црна кућа”, а у IV разреду становао сам код Илије Јанковића, службеника Окружног суда. Његов најстарији син Љубомир-Љуба студирао је у Прагу, средњи син Вељко био је у VI разреду реалке, а најмлађи Милан у III разреду. За мога времена, књижничар српског ђачког друштва био је Вељко (а пре њега његов брат Љубомир). После мог одласка из Бање Луке и кад је Вељко матурирао, књижничар је постао Милан. Тако се друштвена књижница није никако селила из њиховог стана. Да би се за сваки случај осигурали пред властима, све су књиге носиле натпис: „Из књига Љубомира Јанковића.” (Подробније о раду овог друштва писао је Милан Јанковић: *„Слобода" и „Југославија" – Предратна тајна ђачка друштва* – Београд 1939).

Какви су односи владали између српског и хрватског ђачког друштва, тада ми није било познато. Еуген Биргер, брат мога класног друга Леа, био је тајник (секретар) хрватског друштва. Једном ми је Лео донео записник са њихових састанака. Ја га дадох Вељку и он га прелиста. Изгледа да није нашао ништа значајније, јер ми га је убрзо вратио, а ја одмах дадох Леу. Он ме је молио да о томе никоме не говорим, да не би његов брат дознао. Лео се дружио више са нама Србима, него са Хрватима.

У Бањој Луци имао сам неколико добрих другова међу Хрватима. Са Миливојем Узелцем и Вилком Гецаном чинио сам „сликарску тројку" бањолучке реалке, о којој се свесрдно старао наш професор цртања Перо Поповић. Он нас је волео и својски настојао да нас што боље сликарски образује. Недељом и празником, кад год је био слободан дан, долазили смо у његов школски кабинет. Ту смо под његовим руководством сликали чак и живе моделе. Његов труд није био узалудан. Ја сам из материјалних разлога после свршеног четвртог разреда отишао у Сарајево да наставим учитељску школу, а Узелац и Гецан су касније продужили школовање на сликарској академији у Загребу. Они су се развили у наше познате уметнике. Узелац данас живи и ради у Паризу, а Гецан у Загребу. Сва тројица смо се лепо слагали и били добри другови, иако су они били Хрвати. У националном погледу они су били напредни и оне ексклузивне Хрвате називали су „фуртимашима". Тај назив донео нам је Гецан кад је из Загреба прешао у Бању Луку. Поред њих још су ми од Хрвата били добри другови поменути Лео Биргер и Рудолф Гржета, син управника Црне куће. Мој либерални став према Хрватима вероватно потиче и од тога што ми је мајка била Хрватица из Славоније.

Склон сам и волим да свакој појави тражим узрок. Због тога за мене религија није никада била „поповска измишљотина", поготово кад сам се почео више бавити филозофијом. Па ипак сам баш због поповштине кажњен два пута и то су ми једине казне у току мог школовања. Прву сам казну добио у Бањој Луци. Једне недеље, после отпеване песме „Буди имја Господње", која је за нас ђаке значила свршетак литургије, ми, као и обично пођосмо ка излазу, али нас наставник задржа да останемо док се не сврши нечији парастос. Пошто нам је већ било доста стајања, нас тројица-четворица договорисмо се да изиђемо из цркве. Тако и учинисмо. Али зато смо добили по четири сата „карцера" (затвора). Другу казну добио сам у Сарајеву као ђак учитељске школе. Била је причест. У цркви испред једних врата олтара, нас ђаке причешћивао је наш катихета Димитрије Јанковић, кога смо ми, ђаци због његове брадице, малог раста и кочоперности звали „јарац". Испред других врата причешћивао се народ, углавном, сеоски свет. Прилазили смо у реду један по један и ја сам већ био трећи или четврти. Уто се зачу како свештеник који је причешћивао народ, ваљда због нереда и гурања, грди народ и назива га стоком. То ме је толико револтирало да сам изишао из реда и напустио цркву не примивши причешће. Катихета Јанковић, који је био врло строг и утицајан као високо образован теолог, приметио је мој одлазак и у наставничком савету захтевао најстрожу казну – искључење из школе. И да није било заузимања професора Стеве Марковића, Јосипа Милаковића и још неких, одлетех ја из школе. Све се свршило са четири сата карцера и лошом оценом из владања за прво полугодиште.

Сарајевска средњошколска омладина 1911. године

У Сарајево сам дошао 1911. године и уписао се у учитељску школу (препарандију). Ту сам затекао у свим средњим школама тајна ђачка удружења. Убрзо по доласку ступио сам у удружење Срба (радикала), ђака учитељске школе. Састајали смо се готово редовно недељом, најчешће у Српској основној школи код Саборне цркве или у сали певачког друштва „Слога",ређе у приватном стану. На састанцима су већином држана предавања о просветној и културној заосталости нашег народа и како да му се у том погледу помогне, јер се о томе држава није нимало старала. На тим састанцима давали смо одушка нашој мржњи према државној власти, која је на сваком кораку чинила сметње просветном, културном и економском напретку народа. Честа тема био је сељак-кмет и његово тешко стање. На тим састанцима сви смо се осећали своји и слободни и зато су нас они нарочито привлачили. Предавања су држали обично наши другови старијих разреда, али се сећам и предавања Које Јевтића, свршеног правника. Он нам је на врло једноставан и разумљив начин тумачио основне појмове из културе. Предавања је држао у учионици Српске основне школе недељом после службе у цркви. Улица у којој је становао (Пируша) касније је прозвана улица Јевтића Константина.

Поред општих састанака политичко-књижевног удружења, ми, Срби другог разреда учитељске школе, имали смо и своје посебне састанке, на којима смо ми сами држали предавања и о њима дискутовали. Најчешће смо се састајали у стану нашег друга Владимира Братића. Сећам се свог реферата о брошури др Милоша Ђ. Поповића: „0 јектици". Сем тога, ми смо између нас основали три чете по скаутском систему Баден Паула. Упутства о раду и организацији нашли смо у књизи „Савезник – Четник" (уредник др М. Ђ. Поповић – Београд). Моја чета звала се „Јавор", другој је био вођа Душан Маријанац и звала се „Змај", а трећу је водио Милан – Мита Вулетић и не сећам се више како се звала. О раду тих чета, колико сам запамтио, дао сам податке Војиславу Богићевићу 1929. године. Он их је објавио у књизи: *Сарајевски атентат – Писма и саопштења* (Сарајево 1965).

Ја сам припадао још и једном посебном кружоку. Међусобно смо га звали „Социолошки кружок". У њему је било Срба и Хрвата. Основали смо га нас тројица: мој класни друг Љубомир Бабић, Мирко Кус Николајев, ђак трговачке академије и ја. На идеју о оснивању дошли смо поводом наших дискусија о прочитаним социолошким и природњачким делима. Доста смо књига и сами куповали или смо их позајмљивали из библиотека, па их међусобно размењивали. Читали смо све што нам је долазило под руку:

Спенсер, Шопенхауер, Ниче, Смајлс, Дарвин, Хе-
кел, Кнежевић и др. Са Ничеовим Заратустром мно-
го смо се натезали, али узалуд, слабо смо га разумели,
иако се Кус правио да га је схватио. За Арцибаше-
вљевог Сањина сви смо се у кружоку сложили да је
негативан друштвени тип који ништа не ради, него
живи на рачун своје мајке. Такође и дело др Драгише
Ђурића „Проблем субјекта и објекта” није нам било
јасно. Кус је у наш кружок довео Момчила Миче-
тановића, уч. трг. академије, ја Душана Маријанца
и, чини ми се, Ђуру Бањца, уч. гимназије. Да ли је
још ко био, више се не сећам. Од предавања запам-
тио сам Мичетановићево „О улози новца” и моје
„О жени”. Осталих се више не сећам. Моје предавање
сачувало се у Државној архиви БиХ у Сарајеву. (Инв.
отк. и покл., бр. 871). Оно показује колико је наш
кружок био антифеминистички расположен и про-
тив еманципације жене. Другови су моје предава-
ње повољно оценили, нарочито Мирко Кус. Били
смо под утицајем А. Шопенхауера и др Мебијусо-
вог дела „Мозак и душа”, у коме се на основу ма-
њег обима и тежине женског мозга изводи закључак
о духовној инфериорности жене према мушкарцу.
Свакако уверен у исправност свога „научног” схва-
тања, дао сам предавање и једној колегиници из
учитељске школе да га прочита. На извесним мес-
тима, она је кратко исписаним примедбама оштро
критиковала, истина, више инстинктивно као жена,
а не са неким противаргументима, али сасвим уме-
сно. На њене примедбе, ја сам тада гледао с неке
„висине”. Тајна ђачка удружења, српска и хрватска,
постојала су и у осталим сарајевским средњим шко-

лама. Крајем 1912. године средњошколска омладина у Сарајеву по својим идејама и тежњама била је подељена у неколико група. У односу према Хрватима, Срби су се, углавном, делили на две групе. То нису била два удружења, већ две струје различите у мишљењу о Хрватима. Једни су били ексклузивни Срби „радикали” у смислу војвођанских радикала, „прави”, великосрби. Мрзели су Хрвате и сматрали их нашим непријатељима. О каквом заједничком раду са њима нису хтели ни говорити. Ови Срби су бројно најбоље стајали у гимназији, затим реалци, а најмање их је било у новоотвореној трговачкој академији. И у учитељској школи њихов број је био мали. Ту је већина нас припадала другој страни, то јест, били смо према Хрватима више умерени. Заступали смо слогу између Срба и Хрвата. Срба са оваквим схватањем било је и у другим школама, највише у трговачкој академији.

Знатан број Срба средњошколаца био је организован у секцији Савеза трезвене младежи. Испод revера носили су укусно израђену значку штитастог облика: у белом емаљу била су уметнута златна, међусобно уплетена слова СТМ. Франковци су нам се ругали и иницијале значке читали: српски товарни магарац. Кад је о Ђурђевдану 1912. г. одржан у Крагујевцу конгрес Трезвене младежи и наша секција је послала своје делегате, међу којима су двојица били из учитељске школе: Никола Тришић и Коста Вуковић. Испред грађанског „Побратимства” ишли су као делегати Јово Пешут и Милош Ђуран.

Трезвењаци су се састајали у кафани „Побратимство” у Деспића улици (данас ул. Огњена Прице). Често сам залазио у ту кафану не само да играм шах

16

него и да посматрам играње билијара. У томе је Данило Илић био прави мајстор. Знао је без прекида направити и по 20–25 карамбола, што је за нас почетнике био само сан. Билијар је играо и Гаврило Принцип са просечним успехом. Овде сам се најчешће сретао са њим и у вези са карамболима изменио по коју реч. Иначе се са њим нисам дружио.

И Хрвати су имали своје „радикале", то су били франковци. За њих су Срби постојали само у Србији и Црној Гори, бар тако су они говорили. То су били Хрвати какве је желела Аустрија. Напреднији су били „Младохрвати" (Старчевићанци). Они своје погледе нису упирали ни на Беч, ни на Пешту, ни на Рим. Били су изразити антиклерикалци.

Међу Хрватима бројно најјачи и најбоље организовани били су клерикалци, чланови „Маријине конгрегације". Њихов вођа и организатор био је језуита Пунтигам. Своје просторије имали су у Штадлеровом клостеру. Уопште, већи део сарајевске католичке средњошколске омладине био је у Конгрегацији. Она је своје чланове издашно помагала у сваком погледу. То је било једино ђачко удружење ван школе, одобрено од власти, јер су се ту васпитавали покорни поданици Аустрије и римског папе.

И Срби и Хрвати средњошколци нашли су начин да вежбају у „Соколу", иако је то било забрањено од школских власти.

Муслимани су били подељени у три врсте. Једни су се сматрали Србима, други Хрватима, а већина њих били су само муслимани, док су се у души осећали „Турцима". Национална опредељеност наших муслимана тада је била нестална: прошлогодишњи жестоки Србенда, ето га ове године новопечени Хрват и обратно. Један део је у извесном смислу трговао својим национализмом и у даном тренутку опредељивао се према томе ко даје бољу стипендију, „Просвјета" илн „Напредак", где се више може забављати са девојкама на разним приредбама и забавама. Или интерес у школи: да ли је професор српскохрватског језика Србнн или Хрват. На пример, у бањалучкој реалци, српскохрватски језик предавали су др Васо Глушац и др Петар Скок. У разредима где је предавао др Глушац већина муслимана су на својим свескама за писмене задатке написали „Задаћница за српски језик". И обратно, у разредима др Скока то је била „Задаћница за хрватски језик". Ако би се догодине професори изменили, ти исти ђаци према професору изменили би и назив језика. Али је било и лепих изузетака. Разуме се да су се ђаци Срби и Хрвати трудили да што више муслимана придобију на своју страну, у чему су их старији подстицали. Увек сам био против такве агитације, а нарочито против повлашћеног третирања тих муслимана само зато што су изјавили да су Срби или Хрвати, као да су тиме нешто нарочито заслужили. О овој појави пише и Шукрија Куртовић у чланку: „Једно акутно питање" (Српска омладина, бр. 8 од 1/14. априла 1913). Наводим карактеристичан пасус: „Особито не ваља онакав начин, који се састојао у натјецању Срба и Хрвата у Босни, као двије ‚противне' струје, ‚два народа' у придобивању *приврженика* међу муслиманима. Тај је рад био само рад политичких партија и у томе се могло успијевати, односно не успијевати, према томе ко их добије више. Тако су настали само србофили или хрватофили, који су се звали Срби или Хрвати и често су емигрирали од Срба Хрватима и обратно – као из једне политичке партије у другу”.

За мене сасвим нова „нација”, за коју сам сазнао тек у Сарајеву, били су тзв. „Србо-Хрвати” или „напредњаци”. Они су говорили да нису ни Срби ни Хрвати, већ и једно и друго. До балканских ратова (1912–1913) било их је врло мало, једва десетак чланова, више Срба него Хрвата. Њих смо сви сложно, и Срби и Хрвати, нападали као „издајице” свога народа. Напредњаци су имали и своју значку, комбиновану од српске и хрватске тробојке: црвено-плаво-бело-црвено или обратно, због чега смо их звали „камелеонима”. У тој групи био је и Гаврило Принцип.

Иво Андрић

Почеци сарадње српске и хрватске омладине

Чим је заведен комесаријат у Хрватској, хрватска напредна омладина повела је борбу против гажења иародних права и насилних мера. Огорчење се, углавном, управило против Мађара и по свим већим местима Хрватске приређиване су демонстрације на којима се узвикивало и говорило против Мађара и спаљивана је мађарска застава. У знак солидарности, та борба се повела и међу Хрватима у Босни. Да би се демонстрације извеле са што више успеха, Хрвати су позивали и Србе иа сарадњу. Тако је прогањање Хрвата од стране Мађара и гажење народних права у Хрватској дало повода за први јачи заједнички рад српске и хрватске омладине у Босни. У Сарајево је дошао из Загреба студент Лука Јукић са још неким друговима (О. Тартаља, Ј. Баричевић и В. Киурина) да организују демонстрацију, на коју су пристали и Срби, сем једног дела радикала. Било је уговорено да у недељу 18. фебруара 1912. г., демонстрација почие на простору испред католичке катедрале и то кад на њеном сату избије шест увече. Требало је почети са певањем химне „Хеј Словени”, затим уз повике против комесара Цуваја, Мађара и сл. спалити мађарску заставу. Тако је и било. Стајао сам на углу Рудолфове и Ферхадијине улице (данас Штросмајерова и Васе Мискина ул.), где је сада (1966) продавница комбината „Борово”. Чим је запаљена застава, са свих страна јурнула је полиција која је била сакривена иза ћошкова споредних улица и у капијама околних кућа. Са исуканим сабљама, полицајци су пљоштимице почели ударати кога су стигли, и демонстранте и радознале посматраче. Уто су се зачули и револверски пуцњи. Сутрадан сам дознао да је том приликом рањен гимназијалац Салих Шахинагић, младохрват. Стајао је лево од мене, удаљен четири-пет корака. Пред налетом полиције, ми смо се поколебали, али само зачас. Одмах су се у побочним улицама почеле образовати мање и веће групе које су уз разне поклике давале отпор полицији гађајући је камењем. Наравно, све се обављало уз певање патриотских песама и клицањем против режима. Тако смо се с полицијом прегонили дуже времена, док није дошла војна коњица. Кратко време бацали смо се и против ње гађајући каменицама коње у ноге, због чега су се коњи пропињали, ишли унатраг и стварали неред у строју коњице. Најзад смо се дубоко у ноћ разишли.

Сутрадан, у знак протеста против бруталног поступка полиције на синоћним демонстрацијама, сви ђаци су напустили школе и сврстани у редове демонстративно се упутили у Државну болницу да посете и поздраве рањеног Шахинагића. Међутим, на путу за болницу неко је известио да је у интересу рањеног Шахинагића да га не узнемиравамо и узбуђујемо. На повратку испред зграде Земаљске владе сукобили смо се с полицијом која је хтела да ухапси Јукића, који је ишао на челу поворке. За трен ока, хиљаде руку машило се за камење и да у најкритичнијем тренутку нису дошли народни посланици Ђуро Џамоња и Васиљ Грђић, поново би се пролила крв. Одржали су нам говоре и позвали ијас да се мирно разиђемо, а они ће се побринути да добијемо сатисфакцију. У међувремену стигла је чета војника и постројила се према нама. Пошто се ми нисмо разилазили, војници на команду скинуше пушке. Не знам ко је у том тренутку почео први да пева „царевку" (аустријску државну химну), ми остали то прихватисмо. Војници одмах стадоше у став „мирно", све време док се певала химна, а затим одоше. За њиховог команданта, певање химне било је довољна потврда наше лојалности. Тако је трик успео и отклонио сукоб са војском. После овога и ми се разиђосмо.

Због разних демонстрација, многи ученици су похапшени, кажњавани, што је дало повода за нове демонстрације и протесте. Мир није дуго трајао. Узбунисмо се поново у марту због истеривања из гимназије једног ученика што није на улици поздравио професора мађарског језика. Ово нас је директно изазвало, иако је искључени ђак био клерикалац. Најборбенији предлагали су штрајк у свима сарајевским школама, па су силом продирали у школе и улазили у разреде позивајући ђаке да напусте предавања, али са малим успехом. Срби радикали нису пристајали на штрајк, а и остали ђаци, нарочито у вишим разредима, слабо су се одазивали. Тако је та акција пропала, а школске власти (и Земаљска влада), охрабрене нашим неуспехом, врло су оштро поступиле. Због позивања на штрајк и прављење нереда искључено је девет ученика: 5 из учитељске школе, 3 из гимназије и 1 из реалке. Преко двеста ученика је кажњено затвором од 16 и 8 сати и последњом опоменом (consilium abeundi), најстрожом казном пред искључење.

Међу омладином почео се све више развијати борбени дух против власти, и, што је најважније, она преграда између Срба и Хрвата почела је попуштати. Јукићев атентат на Цуваја (8. VI 1912), показао је хрватској омладини пут којим треба да пође, као што је то раније Богдан Жерајић показао српској омладини (15. VI 1910). То нас је још више зближило. Јукић је освежио успомену на Жерајића, за чије дело Спиро Солдо вели: ,,Преко тога херојског дела прешло се у једном делу наше народне површине недозвољеним цинизмом; у другим, малобројним редовима, сарајевски меци одјекнули су симпатичним болом, а у најужем делу нашег друштва изазвали су крик дизања и умирања, за слободу и идеју''. (Из предговора брошуре: ,,Смрт једног хероја'' од Осветника – псеудоним Владимира Гаћиновића). Зато је било посве природно и разумљиво што је свега четири месеца касније поновљен атентат на Цуваја (Иван Планиншћак, 31. X 1912) и што их је до Видовдана 1914. г. било још два: један на комесара Скерлеца (Стјепан Дојчић, 18. VIII 1913), други на бана Скерлеца (Јаков Шефер, 19. V 1914).

Прослава десетогодишњице друштва „Просвјета”

Школска година 1912/1913. за нас ђаке Србе почела је прославом десетогодишњице српског културног друштва „Просвјета”. Дани те прославе, 21. и 22. септембар, представљају датум у животу Срба Босне и Херцеговине, али нарочито су били важни за сарајевску средњошколску омладину. Она силна поворка сокола и побратима (трезвењака) и небројено мноштво народа допринели су да осетимо снагу народа. Осетили смо се као део национално свесне целине. Сваки део прославе уверавао нас је да нисмо сами, већ да постоје хиљаде и хиљаде које систематским радом теже истом циљу као и ми. Истина, њихов пут чинио нам се сувише спор, сувише заобилазан, али ипак циљ је био исти и то нам је уливало поверење и снагу. Цео рад на прослави, свака тачка обилног програма необично нас је одушевљавала. Али нај јачи утисак оставила је на нас музика београдског Сокола. Боривој Ћасић, свршени матурант учитељске школе, који је четири разреда реалке свршио у Београду, тврдио је да познаје и онај велики бубањ и необично крупног добошара, видео га је толико пута у музици Краљеве гарде кад се смењује дворска стража. То је било довољно да се одмах међу нама рашири вест да је то цела музика Краљеве гарде преобучена у соколску униформу. Луди од радости, по цео дан смо јурили за том музиком, а кад засвира „Србијанци и Босанци своју земљу бране” и „Хеј трубачу с бојне Дрине”, ни стотине полицајаца нису нас могли спречити да кличемо „Живела Србија”, а најсмелији и најодлучнији викали су и „Живио краљ Петар”. Осетили смо у себи неку снагу, па смо постали одједном и поноснији и одважнији. Готово исто тако деловала је на нас и музика из Дубровника. Од сокола у маршу научили смо песму „Херцег-Босно мати, немој туговати”, коју смо после стално певали приликом манифестација и демонстрација. У цркви за време службе посматрали смо старог Стојана Новаковића као неко више биће. А кад је Николај Велимировић почео своју проповед речима: „Браћо, доносим вам поздрав с оне стране Дрине”, у цркви је завладала таква тишина да је свако могао чути своје срце како снажно лупа у грудима. Међутим, овај исти Велимировић, који нас је тада својим „Беседама под гором” одушевљавао, страшно ме је разочарао 1920. г. у Београду. Држао је верницима, већином женама, верске састанке, више се не сећам којег дана у недељи, у једној приватној кући. Присуствовао сам једном таквом састанку и сав ореол који се у мојој свести вио око главе Велимировића, одједном се расплинуо као дим. Нисам

могао да поднесем његово неприродно пренемага-
ње, превртање и колутање очима, а нарочито његову
проповед без икакве дубине и животних проблема.
Ни принети његовим „Беседама под гором". Или
сам се ја променио или он, али од тог тренутка он
је за мене престао да постоји као религиозни фило-
зоф и национална вредност.

Дани „Просвјетине" прославе улили су храброст
и онима малодушнима који су се до тада при сва-
кој јавној акцији држали по страни. У свима српским
ђачким удружењима почело се радити са више воље
и полета. Отворили су се већи и шири видици. У
перспективи тих ширих видика, мисао о слози из-
међу Срба и Хрвата почела се јављати као нешто
природно и од општег значаја. Зато је број „напре-
дњака" непрестано растао. Учињен је знатан корак
напред. Више нисмо сматрали да су напредњаци
„народне издајице". Ја још нисам био члан напре-
дњачке организације.

Балкански рат

Балкански ратови 1912–1913

Балкански рат у октобру 1912. г. нагло помери све напред. Јуначке победе српске војске биле су за омладину право национално и револуционарно крштење. Сваку већу победу прослављали смо манифестацијом уз поклике Балканском савезу, а највише Србији. Манифестације су се редовно претварале у демонстрације против Аустро-Угарске Монархије и завршавале сукобом са полицијом. Тада је полиција хапсила кога год је стигла. За кратко време знатан број средњошколаца упознао се са полицијским затвором. То је постала нека врста легитимације за националну борбеност. Били смо се већ навикли на кућне преметачине и хапшења као на свакодневне појаве. Уколико је расла наша борбеност, утолико су демонстрације биле све озбиљније. Једном приликом полиција је била немоћна и морала је притећи у помоћ војска. Пешадија је наступала са пушкама у рукама, а коњица нас је растурала на све стране. Ипак смо и војсци дали такав отпор да је власт наредила да коњичке патроле крстаре по улицама целу ноћ.

Постепено се стварао борбени фронт омладине против државе. У сваком се од нас, што рекао Кочићев Давид Штрбац, „напео Срб", па само сања о ослобођењу и уједињењу. А и Хрвати нису више гледали у Србији малу и незнатну државицу која према моћној Аустро-Угарској не значи ништа. И они су осетили, бар они напреднији, да је Србија природни центар око којег треба да се окупе Словени на југу Монархије, ако желе да се ослободе и постану самостални.

Балкански рат је допринео да смо сви почели веровати да су дани ослобођења много ближи но што смо се надали. Кад се 13. децембра 1912. године распустише школе због мобилизације, сви смо били убеђени да је дошао тренутак обрачуна са Аустријом. После саопштења о распусту, ја сам у нашем разреду гласно изговорио ту општу мисао: „Браћо, дошао је час! Овако се више нећемо састати. Или – или!" Кад сам био ухапшен и за ово сам одговарао. У ислеђењу против Српско-хрватске националистичке организације, један разредни друг (Х. П.) као сведок, навео је шта сам казао кад смо се распустили.

Процес Пјанић – Љубибратић

Чим је почео балкански рат, многи ученици виших разреда пребегоше у Србију да се јаве у добровољце. Бежало се ноћу преко границе код Вишеграда. Сутрадан се одмах знало ко је све отишао. Боривој Ћасић, свршени учитељски кандидат, остао је у Сарајеву да чека на решење о намештењу. То му је добро дошло да још неко време остане са својом девојком Јеленом Јездимировић, ученицом III разреда учитељске школе. Кад ми је рекао да и он намерава отићи у добровољце, замолио сам га да и ја пођем са њим, а то исто желео је и мој добар друг Душан Маријанац. Тако се нас тројица почесмо спремати за одлазак. Ја и Маријанац распродасмо своје школске књиге и још неке ствари те дођосмо до нешто новца.

Дошао је уговорени дан, односно ноћ нашег поласка. Ћасић је пред вече отишао до Јелене да се са њом опрости. Кад се вратио, саопшти нам да од нашег одласка нема ништа. Јелена му је одлучно рекла, ако сутра рано ујутро не дође код ње, она ће одмах отићи у полицију и пријавити где смо отишли, па ће се упутити потера за нама. За нас двојицу, Маријанца и мене, тежи удар се није могао замислити. Једно, одоше сви наши снови, а друго, шта ћемо рећи нашим друговима зашто нисмо отишли. Наш бес се окомио на Јелену због њене себичности. Међутим, кад сам 1967. год. у Сарајеву о овоме разговарао са Јеленом, она се изненадила. Одлучно је одбијала да је ишта знала о нашој намери за одлазак у Србију, а камоли да је претила пријавом полицији. То би значило да се Ћасић предомислио, па је измислио Јеленину забрану да се оправда пред нама двојицом.

У прво време нас двојица разочарани и потиштени помишљали смо да одемо сами. Одлакнуло нам је кад су се почели враћати из Србије они који су већ били отишли. Речено им је да се врате, јер су у Босни потребнији, а Србија да има довољно војске, па не мора узимати и омладину. Својим одласком у Србију, ови ученици су за полицију постали врло сумњиви. Зато кад су школе распуштене и они су похапшени као и сви остали које је полиција водила на свом рабошу. За полицију су били сви сумњиви који су се истакли својим радом против државе, па макар да су само држали аналфабетске течајеве или оснивали трезвењачке дружине у народу. Позатварани су и сви истакнутији напредњаци. Због њихове идеологије, власт их је сматрала опасним за јавни мир и поредак.

О свим овим хапшењима, ја сам читао у новинама код куће у Приједору и пошто нисам био ни напредњак ни неки истакнути радник, нисам ни помишљао да ће доћи ред и на мене. Али на като-

лички Божић (25. XII 1912), бануше жандари из-
ненада у наш стан и извршише претемачину мојих
ствари. Однели су сву моју кореспонденцију и све
књиге које су им се учиниле сумњиве, нарочито
оне штампане у Београду. Кад сам видео шта су
све понели, наслућивао сам да неће бити добро.
Колико се још сећам однели су „Смрт једног херо-
ја”, „Хрватска у борби за слободу”, „Џепну књигу
о аустроугарској војсци”, „Програм клуба Народно
уједињење” свеску са песмама, а у Ћасићевим пи-
смима из Београда било је свега и свачега. Дан-два
после претреса дође Ћасић у Приједор. Он је добио
место учитеља у Козарцу. Кад је чуо шта се деси-
ло и да су однели његова писма, предосећао је да
ће га позвати на одговорност. Зато одмах пожури
кући у Козарац да уклони и уништи све што би га
могло теретити. На моје велико изненађење, у неко
доба ноћи вратио се. Шта је било? Он је у возу при-
метио среског начелника и од њега се крио. Кад је
воз стао у Козарцу, опазио је на перону команданта
жандармеријске станице, а на прозору вагона био
је срески начелник. То му се учинило сумњиво и
није хтео одмах да изиђе из воза. Командант је
пришао среском начелнику и овај га упита: „Је ли
дошао?” – „Није још”, одговорио је командант. Ћа-
сић је био уверен да се то односи на њега и да га
чекају ради хапшења. Продужио је још једну ста-
ницу, овде изишао и преко поља пешице се упутио
у Приједор, где је стигао око поноћи. Сутрадан је
написао писмо своме газди од стана, неком пекару.
У писму је навео шта све да узме из његове собе и

сакрије код себе, а шта да спали у пећи. Првим возом ја сам писмо однео пекару и објаснио му и усмено о чему се ради, што сам могао без икаквог устручавања, пошто је био добар Србин. Боривој је остао код мене још један дан и онда отишао у Козарац где су му одмах извршили претрес собе, али нису ништа нашли. Пекар је савесно извршио поруку и тако Ћасића спасао од тешке оптужбе.

Другог дана православног Божића (8. I 1913), баш за време ручка, дођоше опет жандарми, свезаше ме у ланце и отераше у Сарајево. Знао сам да ме хапсе због оних књига и писама што су нашли код мене, али како је дошло до тога да баш код мене врше преметачину, дознао сам тек у Сарајеву. Приликом хапшења гимназијалаца Војислава Кнежевића и Борислава Оклобџије, који су били напредњаци, а Оклобџија је ишао у Србију за добровољца, па се вратио као и сви остали, извршена је преметачина њиховог стана. Тада су код Душана Маријанца, који је становао заједно с њима, нашли једну стару генералштабну карту Босне и Херцеговине (по секцијама), а она је била моја. Због књига и брошура, нађених код Маријанца, ухапсише и њега, а она карта је дала повода за преметачину код мене. Због садржине писама које ми је Ћасић писао из Козарца и раније из Београда, ухапсише и њега.

У сарајевском окружном затвору били су још Милош Пјанић, председник напредњачке организације, Драгослав Љубибратић и већ поменути В. Кнежевић и Б. Оклобџија. Истрага се водила против свих нас као чланова напредњачке организације. Постојала је сумња да смо радили против државе и спремали народ на буну. Испало је тако као да смо сви чланови једне тајне дружине. Међутим, пре свега, ја и Маријанац нисмо били напредњаци. Затим, Љубибратића сам упознао тек овде у затвору, као што сам ту први пут проговорио са Пјанићем и Кнежевићем. Ћасић, с којим сам био врло добар друг, био је већ учитељ и није имао везе са омладином у Сарајеву, а Оклобџија се уопште није занимао „политиком”, већ се у слободно време бавио атлетиком. По мишљењу полиције и суда, ми смо били некаква тајна револуционарна организација опасна по државне интересе и јавни поредак. У ствари, само су Пјанић и Љубибратић нешто покушавали да раде у народу, али шта и како, ја тада нисам знао. Пјанић је био оптужен што је ширио међу ђацима забрањен београдски лист „Напредак” (одн. „Препород”) и да је изазивао мржњу против Аустро-Угарске Монархије. На расправи, одржаној 22–23. априла 1913. г., Пјанић је осуђен само због ширења листа „Напредак” и растурања Програма омладинског клуба „Народно уједињење” на четири месеца тамнице, а и он и Љубибратић решени су од оптужбе за противзакониту пропаганду у народу. Ми, остали, још у току ислеђења пуштени смо из затвора (12. III 1913). Акт о отпуштању гласио: „Број 1928 к – Цвјетко Поповић у Сарајеву. – Обавјешћујете се да сам у смислу 116 кп. обуставио проти Вама поведену преднстрагу због злочина велеиздаје из 1116 кз. те злочина сметања јавног мира из 142 кз. – Окружни суд, Сарајево, дне 12. марта 1913. – Судац истражитељ Наумовић (Држ. архив БиХ: 1У-2-1-2).

Приликом отпуштања из иследног затвора, судија ми врати готово све конфисковане ствари: многобројну кореспонденцију, брошуре и књиге. Не сећам се више шта ми није враћено. Том приликом судија ми рече: „Молим вас, сад кад изиђете, отидите на мост и баците ову кореспонденцију у Миљацку. Ја сам много времена, чак и ноћу, провео у њеном читању". Да би се ова судијина жеља схватила, треба знати да сам ја имао сву своју кореспонденцију од основне школе до дана хапшења. Истражитеља су највише интересовала писма Боривоја Ћасића. Али било је још неких ствари које су изазвале његову пажњу. Кад сам из Бање Луке отишао у Сарајево, неко време сам се дописивао са Миливојем Узелцем и Вилком Гецаном, који су остали у реалци. Они би у својим писмима и картама по неку реч и реченицу написали стенографијом. Судија је у томе назирао нешто сумњиво и морао сам сва та места прочитати, шго је ишло доста тешко после више од две године, а судија је мислио да ја намерно отежем да бих прикрио праву садржину. Са судијом сам се носио и око једне карте коју ми је Ћасић писао из Београда, а на њој су били скраћени потписи: Триш., Мил., Поп., Каш. Признао сам да знам само први потпис: Тришић. У ствари, знао сам и остале: Милановић (Јово), Попадић (Богољуб), Кашиковић (Сретен). Они су после свршене учитељске школе 1912. г. отишли у Србију о трошку друштва „Просвјете". У Београду су у стану професора Миле Павловића положили заклетву као чланови „Народне одбране". Затим их је Милан Цигановић одвео на Бубањ код Ниша на војни „минерски курс", где су их теоријски и практично српски официри обучавали у рушењу мостова, тунела, железничких пруга и др. О свему овоме писао ми је 1967. г. Богољуб Попадић. На сличан курс отишли су у Владичин Хан, Данило Илић и Милан Стојаковић, такође свршени ђаци учитељске школе те године. Сви су они сачињавали један „кружок" у учитељској школи, којим је руководио Данило Илић. Мени је још тада (1912) о томе нешто поверио Коста Вуковић, ђак III разреда учит. школе. Колико се сећам, вежбали су се и у прављењу експлозива за мине и бомбе. Треба напоменути да је овај „кружок" постојао пре него што је Владимир Гаћиновић, према Боривоју Јевтићу, основао кружок у октобру 1912. г., пре одласка у Црну Гору (Б. Јевтић: „Сарајевски атентат", стр. 15. и 23).

Затвор и разноврсна оптуживања од стране иследног судије учинили су те сам из затвора изишао као напредњак. То је исто било и са Маријанцем. Тако су ово ислеђење и затвор код нас убрзано створили напредњачко убеђење, које би се иначе полако развијало као код већине осталих ученика. Обојица смо увидели да тежње и жеље напредњака нису биле „издајничке" према народу, него су то биле и наше тежње. Иследни судија приказујући напредњачке идеје као опасне по државу, открио иам је да смо стварно и ми напредњаци и са тим уверењем смо изишли из затвора. Прва последица затвора била је губитак места у државном интернату, што је за мене повлачило низ неугодности. Где становати, где се хранити и уопште како живети? Од куће се нисам могао много надати. Обратио сам се молбом „Просвјети" за стипендију и добио 40 круна месечно. Хранио сам се у ђачкој трпези Добротворне задруге Српкиња. Поред свих невоља, ипак сам II разред завршио са одличним успехом.

У III разреду (1913–1914) такође сам једва хватао крај с крајем. У државни интернат ме нису више хтели примити, али сам од Земаљске владе добио потпору од 40 круна месечно. Оно што би ми отац понекад послао, једва је дотицало за најпотребније. Где сам тада становао, како се хранио, све је то пало у заборав, сем неких неповезаних детаља. Тек после другог светског рата, кад сам се нашао са Лазаром Антешевићем и Богданом Принципом, друговима из учитељске школе, они су ме подсетили на оно што сам заборавио. Становали смо у Конак улици, бр. 48 (данас ул. Нурије Поздерца), код удовице Голуба Бабића, војводе из устанка у Босанској крајини. Једно време ту су становали Милан Бурсаћ, Алекса Зорић и Богдан Принцип. После њих дошли смо ми: Лазар Антешевић, Момчило Мичетановић и ја. Почетком 1914. г., прво се одселио Антешевић код Видосаве Мацановић у Аџемовића ул. бр. 6 (данас ул. Марије Бурсаћ), а затим смо дошли и нас двојица. Хранио сам се по млекарама, јер је то било најјевтиније.

Из овог времена сећам се магловите афере „Клуба слободне љубави". Говоркало се свашта, али мало је ко знао нешто конкретно. „Хрватски дневник" је искористио прилику, па, доносећи неке сензационалистичке податке, тобоже утврђене истрагом, хвалио је и

истицао морални одгој омладине у Маријиним кон-
грегацијама. Али кад је „Српска ријеч" изнела да су у
аферу умешане и неке чланице Маријине конгрегаци-
је, „Хрватски дневник" о томе није више писао. Пос-
тепено ствар је легла, а да јавност није обавештена шта
је стварно било. Изгледа да је све било јако надувано
и да није био у питању никакав „Клуб слободне љуба-
ви", него мало слободније друштво за шалу и забаву.

Балкански рат

Ширење националистичке идеје

Док су пре балканског рата узалуд долазили студенти из Загреба (Јово Шошић) и Беча (Богољуб Константиновић) да шире напредне идеје о слози Срба и Хрвата, после рата оне су саме себи крчиле пут. Заједничке демонстрације против Пеште и Беча, заједничке мани-фестације поводом победа српске војске толико су зближиле Србе и Хрвате да су само затуцани клерикалци и задрти шовени остали и даље противници слоге и заједничког рада. Али и сама напредна идеја је напредовала. Раније се борило за слогу Срба и Хрвата, а сада се бори за јединство. Поборници јединства нису се више звали напредњаци, већ „националисти". И још нешто. Раније се Словенци, тако рећи, нису ни спомињали у нашим редовима, а сада су и они у центру наших жеља и идеја. Словенци су својим интензивним и систематским радом брзо постали важан фактор у националистичком покрету. Они су много допринели да се у 1914. години приступило организовању целокупне националистичке омладине на југу Аустро-Угарске Монархије. У ту сврху они су врло умешно искористили добро организовани „Феријални савез". Националисти, чланови „Феријалног савеза", искоришћавали су повластице овог удружења и путовали по свим нашим крајевима проповедајући идеју јединства и борбу против Аустро-Угарске.

У „Сезнаму" (попису чланова који дају бесплатно стан или храну или и једно и друго) Феријалног савеза за 1912. г., ја сам био наведен да у Приједору дајем ноћиште. Тога лета имао сам доста словеначких омладинаца на ноћишту. Отац се већ почео бунити да сам од куће направио хотел. Сећам се тих младих Словенаца са каквим су погрешним схватањем о нашим муслиманима долазили у Босну. Они су их и сада замишљали у истом положају у којем су били и за време турске владавине. Са извесном зебњом одлазили су са мном у чисто муслимански крај преко Берека. Кад су видели на улици муслиманке у зару или фереци, питали су ме да ли смеју у њих гледати. Бојали су се да их због тога не нападну муслимани! Један доказ више колико је било оправдано оснивање Феријалног савеза са паролом: упознајмо наше људе и наше крајеве. Нама је у Сарајево долазио Иво Ендлихер, једна изразито револуционарна природа. Својим темпераментним приказивањем злостављања и прогањања Словенаца од стране аустријских Немаца, освајао је омладину и одушевљавао за борбу. При помену Аустрије, свака његова реч, сваки његов гест исказивао је безмерну мржњу. Да Принцип није извршио атентат на Фердинанда, сумњам да га негде не би дочекао Ендлихер. Он се сав заложио за идеју јединства и револуционарну акцију. Непрестано је путовао и бежао испред полиције која га је свугде јурила. Кад је почео светски рат, међу првим ухапшеним Словенцима био је Ендлихер. Умро је од туберкулозе у затвору у Грацу. Ширењу националнстичке идеје међу Србима много су допринеле и „Изнимне мјере" у Босни и Херцеговини у мају 1913. године, заведене поводом скадарске кризе, али су биле уперене и против народног просвећивања, на чему се почело интензивније радити. Изнимне мере требало је да прекину сваку везу између интелигенције и народа која се стварала одржавањем аналфабетских течајева („Просвјета"), оснивањем соколских друштава, трезвењачких дружина („Побратимство"), читаоница, укратко, имале су да сузбију јачање националне свести, поред чисто војних циљева. Омладина их је још схватила и као доказ да нас се Аустрија почела прибојавати и то је само појачало борбеност.

У 1914. години, наше је држање постало управо изазивачко. Жељно смо дочекивали сваку прилику да испољимо своје непријатељство према власти. Као пример наводим предавање Васе Стајића, одржано 14. маја увече у сали певачког друштва Слоге. Властима је било пријављено као књижевно-научно предавање о Вељку Петровићу, а стварно то је био као неки реферат о национализму у Војводини. То је за нас већ било довољан разлог да после предавања, око поноћи, манифестујемо сарајевским улицама и дођемо у сукоб са полицијом. Уопште, манифестације и демонстрације биле су често на реду. Како је организација националистичке омладине по школама била спроведена у свим већим местима, целокупна омладина осећала се као једно удружење. Довољно је било да стигне депеша са предлогом да се изведе демонстрација или објави штрајк, па би се одмах састали представници свих сарајевских школа да донесу одлуку која је онда била обавезна за све. Дисциплина у школи потпуно је ишчезла и школске власти биле су изгубиле сваки ауторитет над омладином.

Наша мржња и активност окренула се и против немачких и мађарских „фирми”, натписа изнад трговачких радњи и установа. Ноћу смо се на њих бацали мастилом, поквареним јајима, блатом, посипали их разним хемијским киселинама, скидали и уништавали. Узалуд су сопственици тих радњи чистили и стављали нове „фирме”, узалуд су јављали полицији која је за хватање криваца расписала и награду. Готово сваког јутра освануила је по нека фирма упрљана или уништена. У томе прљању и уништавању налазили смо нарочито задовољство. Наша борбеност против непријатељских странаца је у тим делима налазила конкретан, видан облик и то нам је импоновало. Сви смо то спонтано радили, па се дешавало да ујутро нико не зна ко је те ноћи био у „акцији”.

Ширењу и јачању идеје народног јединства нарочито су допринели учестали атентати у Хрватској, извођени од самих Хрвата: Лука Јукић (8. VI 1912), Иван Планиншћак (13. X 1912), Стјепан Дојчић (18. VIII 1913) и Јаков Шефер (19. V 1914). Омладина је све више стремила ка озбиљиијим делима. Почеше се оснивати интимнији кружоци са чисто револуционарном тенденцијом. Непрестано се дискутовало о томе на који начин најлакше и најбрже да се збаци аустријско ропство, како да се спремимо за устанак, како да почнемо, какав би облик требало да има будућа уједињена држава итд. Дошли смо до тачке када се осећа да су говори само говори и да је потребно прећи на дела.

Последња јавна манифестација југословенске националистичке омладине пред атентат била је забава у корист хрватске школе у Трсту. Одржана је у суботу 6. јуна 1914. г. у просторијама Друштвеног дома (данас Народно позориште). Забаву је приредила Националистичка омладина уз сарадњу певачких друштава хрватског „Требевића”, српске „Слоге” и „Чешке беседе”. Према казивању Садије Никшића, полиција није одобрила забаву под именом „Југословенске националистичке омладине”, па је одржана под именом „Српске и хрватске омладине”. Соколи су у свечаним одорама одржавали ред. Поздравни говор одржао је Милош Видаковић, пошто су пре тога неки виђенији грађани одбили да говоре, а он је одмах са одушсвљењем пристао. Карактеристично је да о овој забави хрватске сарајевске новине нису донеле ни реч, иако се одржавала у корист хрватске школе у Трсту. Насупрот таквом ставу, „Српска ријеч” је позвала да се забава што више посети, а после забаве је донела опширан извештај („Српска ријеч”, 28. маја (10. јуна) 1914).

Владимир Гаћиновић

Атентаторска психоза

Још 1912. године и најсмелији и најодлучнији међу нама замишљали су дан ослобођења после десетак година. Међутим, највише под утицајем успеха у балканским ратовима, покрет за ослобођење и уједињење толико је узео маха у 1913. и 1914. годиии да је, може се рећи, пре времена сазрео. Наше духовно припремање било је готово. Сваки је био спреман на жртву и многи су хтели да буду жртве. О каквој револуционарној акцији у народу није могло бити још ни говора. Омладина је била упућена на индивидуална дела ради давања одушка свом националном осећању. Међу нама је владало опште уверење да ћемо атентатима најбрже деловати на народ да се револуционише. На нашим мањим и всћим скуповима непрестано се расправљало о потреби индивидуалне терористичке акције, као најбољем начину борбе у тадашњим приликама. У том погледу јако је утицала брошура „Смрт једног хероја" од Осветника (псеудоним Владимира Гаћиновића). Мисао о атентату на поглавара земље, генерала Потиорека била је потиуно сазрела. Романтичарски смо замишљали да он треба да плати главом на оном истом мосту, на коме је Богдан Жерајић извршио атентат на тадашњег гувернера, генерала Варешанина и затим се одмах убио. У поменутој брошури је стајало да је Жерајић умирући рекао: „Своју освету остављам Српству”, и то нас је подстицало и изазивало на дело. Сасвим се сигурно може тврдити да није престолонаследник Фердинанд 1914. г. дошао у Сарајево, у току те године био би извршен атентат на Потиорека. Јер, о томе атентату није сањао само један већ десетине омладинаца. Атентаторски планови су смишљани против свега што је стајало на путу ослобођења од Аустро-Угарске. Наше мисли врло често су се заустављале на Штадлеровој клерикалној организацији, која је већи део хрватске омладине васпитавала у клерикалном и шовинистичком духу. Просторије ове организације биле су у бискупском клостеру и уништити тај клостер значило би нанети велику штету тој ненародној дружини. Занимљиво је како је то замишљао Иво Крањчевић, уч. трг. академије, огорчени противник клерикализма. Електричне сијалице требало би напунити каквом експлозивном смесом. Тако напуњене наместиле би се у клостеру уместо обичних сијалица. То би могли извршити чланови Конгрегације, симпатизери југословенских националиста. Увече, кад би се сијалице запалиле, настала би експлозија, а не би се лако могло дознати шта је томе био узрок. Какав би то требало да буде експлозив, где би се набавио и како би се усуо у сијалице, о свему томе тада нисмо много размишљали.

Овакве и сличне планове Иво је стално смишљао. Непрестано је мислио како да дођемо до неког јаког експлозива. Он би га подметнуо у сали Друштвеног дома када се о покладама држи официрска забава, на коју редовно долази и Потиорек. – Када смо већ почели губити наду да ћемо добити оружје за атентат на престолонаследника Фердинанда, Иво је предлагао да нађемо ловачке пушке, чије би патроне напунили крупнијом сачмом. За време доласка Фердинанда, ухватили бисмо бусију иза прозора једне учионице основне школе на Маријином двору. Кад наиђе ауто са престолонаследником, сложно бисмо опалили из пушака! После тога постојала би могућност чак и да побегнемо, јер је зграда Маријиног двора велика, сва изукрштана ходницима и има неколико излаза.

Такви су се планови тада ројили у главама занесене омладине. Наше анархистичке жеље радо су биле управљене и на велику нову зграду поште и импозантне зграде Земаљског музеја. У нашим очима овај музеј био је само блеф, лажни знак културног рада Аустрије у Босни. Јер, док су у те зграде уложени милиони народног новца, народ је грцао у беди и невољи. Само два-три километра од тих величанствених зграда, сељак је живео у колиби облепљеној блатом под истим кровом са својом стоком. Чудном игром судбине, ја сам после педесет година у том истом музеју завршио своју службеничку каријеру и отишао у пензију.

Старији омладинци, Срби образовали су у Сарајеву један револуционарни кружок. Чланови су се имали спремати за дела у случају народног устанка, о чему сам већ раније говорио. Једном приликом, чини ми се поводом доласка Билинског, министра финансија и министра за Босну и Херцеговину, та је група спремила плакат са врло оштрим нападима на Аустро-Угарску. Њих неколико, колико се још сећам, Данило Илић, Милан Стојаковић и Никола Тришић, а вероватно је био још неко, требало је да ноћу излепе спремљене плакате по сарајевским улицама. За ту акцију, ја сам Кости Вуковићу дао своју пелерину и качкет. У току лепљења плаката, требало је да омладинци међусобно измењују огртаче и капе и тако заварају траг ноћним дежурним полицајцима. Сам Вуковић није учествовао, јер је био у државном интернату и није могао изићи. Са нестрпљењем сам дочекао јутро и одмах се одшетао до Вијећнице. Неупадљиво сам испод ока осмотрио стубове и на једном од њих приметио трагове одлепљеног плаката. Био сам уверен да је то био наш плакат. Али касније ми је Вуковић рекао да до акције уопште није дошло због инднскреције једног омладинца, па су за њу дознали и нечланови кружока. Претила је опасност да полиција открије извршиоце. – Драго Љубибратић пише о сличној акцији са више детаља („Гаврило Принцип”, стр. 137–138), само нигде не помиње Косту Вуковића. Он о овој намераваној акцији говори као о извршењу закључка, донесеног на састанку на Ђолиној капи (стр. 49). Изгледа да група о којој ја говорим није идентична са групом о којој говори Љубибратић. У сваком случају нешто није јасно, јер се како бар изгледа, описује иста акција.

Колико је атентаторски дух овладао сарајевском омладином, најбоље се могло видети приликом доласка надвојводе Леополда Салватора у јуну 1914. г. Где год сте срели групу националиста, могли сте бити сигурни да разговарају о атентату на надвојводу. Свако је доказивао да је срамота што дозвољавамо да нас надвојвода управо изазива својим шетњама по Сарајеву. Алекса Зорић, уч. IV раз. уч-ит. школе, по убеђењу радикал, директно ме је изазивао говорећи: „Ето, ви напредњаци. Стално говорите о револуцији и атентатима, а где сте сада? Покажите се на делу!” Довијао сам се на све могуће начине да докажем зашто не вреди извршити атентат на Салватора, али прилично неубедљиво. Зорић је и даље настављао да боцка „фразере напредњаке”. Сличне је муке имао Иво Крањчевић са Бранком Загорцем, уч. трг. академије иначе Југословенским националистом. Загорац се жалио што нема револвер па да пуца у Салватора, а био би у стању и да га ножем нападне. На убеђивање Иве да би то била лудост, јер онда Фрањо Фердинанд не би дошао у Сарајево, Загорац је озлојеђено одговорио да ће сигурно и Фердинанд жив и здрав отићи из Босне, јер ми само причамо а ништа не радимо. – Како је већ била пала одлука за атентат на престолонаследника када о Видовдану дође у Сарајево, сви који су то знали, одвраћали су од сваке демонстрације против надвојводе Салватора, схватајући његов долазак као „пробни балон”. Утицали су помирљиво и настојали да му се ништа не деси, јер онда „онај главни” неће доћи у Сарајево.

Тадашњу атентаторску психозу сарајевске средњошколске омладине тачно је окарактерисао Перо Слијепчевић: „Толико је омладина на сарајевским улицама говорила о атентатима да то више није изгледало ни озбиљно" („Напор Босне и Херцеговине", стр. 197). Слично је било и у другим крајевима на југу Аустро-Угарске. Васа Стајић уопштено каже: „У атмосфери је било толико експлозива да је одиста било питање само ко ће га убити" (В. Стајић: „Предратна војвођанска омладина". стр. 71 – Нова Европа, 21. VII 1925, Књ. XII, бр. 3 – Загреб).

Наше југословенство

Потребно је рећи неколико речи о нашем југословенству, пошто га неки наши писци погрешно приказују (В. Маслеша, М. Крлежа, В. Дедијер). Ако историчар пажљиво проучи све фазе развоја југословенске идеје код револуционарне омладине пре 1914. године, може доћи само до једног исправног закључка, а тај је да *југословенска идеја није унесена у омладину споља*. Она се развијала заједно са омладином, а под притиском културне и политичке стварности нашег народа. Из истих узрока због којих је изникла у прошлости и јављала се час јаче, час слабије, час са мањим, час са јачим утицајем. Отуда је Перо Слијепчевић за тадашњу југословенску омладину сасвим тачно констатовао: „У питању народног уједињења, она није имала да истеоретише ништа ново. Али је она устала да стару мисао прва оживотвори конзеквентном праксом, да је енергично спроведе у дело, колико се ње тиче" (П. Слијепчевић: „Напор Б. и Х.", стр. 183 – Сарајево 1929).

Непријатељско ометање и спречавање нашег националног и кулгурног развитка изазвало је у омладини отпор и мисао о потреби уједињења и тежњу за слободом. Отуда се развила спремност српске, хрватске и словеначке револуционарне омладине да се жртвује за слободу и јединство и то жртвовање сматрала је својом дужношћу. Она је знала и била свесна шта хоће, зашто хоће и како хоће. У централном органу југословенске омладине „Југославија” (Бр. 1, мај 1914), у уводној речи, Љубо Леонтић изјављује: „Окружени гвозденим обручем великих нација, културно јачих и политички организованих, ми би и онда, кад не би постојали сви увјети да створимо једну хомогену снажну цјелину, морали да се и као хетерогени елементи удружимо да сачувамо своју угрожену егзистенцију. – Ми нијесмо само Јужни Словени, ми хоћемо да будемо Југословени.”

Омладина није своје југословенство преузела ни од кога, из простог разлога што у то време није имала од кога да га преузме. Тада је само она проповедала интегрално југословенство. Чак имамо обрнут случај: нека удружења старијих (Организација „Уједињење или смрт” и група Петра Кочића) са чисто српског становишта прешла су на југословенско под утицајем снажног омладинског покрета. Тачно је да је југословенски покрет налазио оправдање и охрабрење и у прошлости сличних покрета других народа (Италијана, Немаца, Француза и др.), али то не значи да се инспирисао са тих страна. Клица нашег југословенства налазила се у тешким приликама у којима је живео наш народ, политички и културно, а омладина ју је само развила до пуног развоја. Зато нас, још мало преосталих Југословена из те генерације, необично изненађује кад се после првог и другог светског рата нађу писци који сасвим нетачно приказују наше југословенство. Нити смо га ми вештачки исконструисали, нити унели споља, нити је нашу идеологију инспирисао италијански иредентизам са некаквим префашистичким елементима, а најмање је оно било унитаристичко и апстрактно у смислу некаквог бесмисленог захтева за потпуним изједначавањем и језика, и културе, и традиције и националног индивидуалитета! Па зар су и сами Срби, или сами Хрвати, или сами Словенци међусобно у том погледу јединствени? Такво тумачење и објашњавање нашег југословенства је само доказ његовог непознавања, уколико није посреди свесно нетачно приказивање. И још нешто. Ми нашу југословенску идеологију нисмо никоме натурали, а најмање смо желели силом угушити и негирати српску, хрватску и словеначку индивидуалност. Знали смо да се југословенска нација не може створити преконоћ, али смо у том правцу својски радили. Веровали смо Скерлићу и његовом мишљењу да „народно јединство иде својим природним током и тај процес изједначења, иако спорији но што би требало да буде, не може се ничим зауставити" (Срп. књижевни гласник од 16. новембра 1913). Наше југословенство било је виша синтеза или, како би се то данас рекло, свесна и добровољна интеграција Срба, Хрвата и Словенаца у вишу националну заједницу. У питању југословенства, тадашња напредна омладина није била ни фразерска ни апстрактна, већ активна и конкретна у границама својих могућности. Предлог Јована Скерлића да Срби и Хрвати у свом језику пређу на екавско наречје, а у писму на латиницу, омладина је свесрдно прихватила. Тада су међу напредњацима многи Срби почели писати латиницом, а многи Хрвати су прешли на екавштину. Били су то почеци, али већ у 1914. години, та идеја је у омладинским редовима сматрана посве природном. „Вихор” – лист за националистичку културу, који је излазио у Загребу, а уређивао га је Владимир Черина, већином је доносио чланке и прилоге писане екавштином. Тако је писао и сам уредник Черина, Хрват из Далмације.

Читав низ заједничких манифестација и демонстрација доказивао је да се српска и хрватска омладина све више међусобно приближава, уједињава у свом политичком мишљењу. У својим „Успоменама”, Иво Крањчевић пише: „Ја лично, када сам гледао искреност и одушевљење којим су Срби напредњаци учествовали у демонстрацијама, када сам их гледао на челу колоне манифестаната 19. II 1912, завјерио сам се у себи да ћу, док има иједног Србина који не разликује Хрватску од Србије, бити Хрват који неће разликовати Србију од Хрватске. Тада сам постао Југословен и остаћу то до краја живота” („Успомене једног учесника у сарајевском атентату”, стр. 42 – Сарајево 1954). – Када су Талијани физички напали хрватске и словеначке ђаке Више трговачке школе „Револтела” у Трсту, југословенска националистичка омладина приређедила је 28. III 1914. г. у Сарајеву демонстрације испред талијанског конзулата.

Раније напредњаштво већ је у току 1913. и 1914. године прерасло у борбено југословенство. Дан Зрињског и Франкопана 30. IV 1914. год. југословенска омладина је прославила у знаку јединства. Велики плакат, добивен из Сплита или из Задра, напредни омладинци су растурали по главним улицама Сарајева. На помен у католичкој катедрали дошао је знатан број југословенских омладинаца католика, православних и муслимана, што је било запажено од свих присутних грађана. Неки су са Лазаром Ђукићем на челу предлагали да се тог дана не иде у школу, али поучени неуспелим штрајком у марту, то није прихваћено. – После неуспелих преговора са младохрватима и клерикалцима, југословенска националистичка омладина је сама приредила забаву у корист хрватске школе у Трсту, о чему је раније било говора.

У 1914. години више нико никога међу напредном омладином није питао да ли је Србин, Хрват или Словенац. Сви смо тражили и истицали оно што нас спаја, у чему смо једнаки, оно за шта треба сви да се боримо. У нашем борбеном југословенском национализму најјачу смо подршку добили у Јовану Скерлићу. За разлику од каснијих писаца који су наше југословенство називали „апстрактним", „исконструисаним", „споља унесеним", „нејасним", Скерлић је тада писао да је нови нараштај дубоко националан и активан, да има вере у себе и решености да своје право и оствари, што је сасвим оправдано, јер живимо у доба „права песнице" великих народа над малим и слабим. Нови нараштај је „дубље и доследније усвојио идеју народног јединства српско-хрватског, но што је то био случај код ранијих нараштаја." – „Млади у свом реализму полазе од просте чињенице: да једанаест милиона људи говоре једним језиком и имају једну душу, и да никакав distinguo, филолошки, антрополошки, теолошки и политички, не може од једног направити двоје." (Срп. књижевни гласник, Књ. XXX, 1913: „Наш нови нараштај").

Први светски рат је овај полет прекинуо. После рата, истина, створена је Југославија, али каква? – Др Оскар Тартаља, један од истакнутих вођа далматинске напредне омладине, писао је 1928. г.: „Југославија данас није она и онаква како смо хтјели, како смо ју замишљали и за какву смо се борили!" („Велеиздајник", стр. 137 – Загреб – Сплит 1928).

И о нашем федерализму не пише се са довољно познавања. О неком федерализму између Срба и Хрвата никада није било ни говора, када су се и Словенци определили за јединство са Србима и Хрватима, наравно, и федерализам са њима испао је из сваке комбинације. Федерализам, уколико је о њему било говора, односио се само на заједницу са Бугарима. Али после битке на Брегалници 1913. г., идеја заједнице са Бугарима потиснута је у други план и о њој се међу југословенском омладином мало расправљало. И док се идеја јединства Срба, Хрвата и Словенаца под утицајем успеха у балканским ратовима све више ширила и јачала, дотле је други балкански рат између Срба и Бугара питање заједнице са Бугарима оставио за будућност.

Лектира напредне омладине

Међу српским делом средњошколске омладине у Сарајеву нарочито је био раширен „Венац", књижевни часопис за омладину (Београд). Он је доносио и слике погинулих комита у Македонији и њихове подвиге, што нас је нарочито привлачило. Кад је Васа Стајић почео издавати часопис „Нови Србин" и овај је нашао многобројне читаоце.

Активност националистичке омладине нашла је свој израз и у омладинским часописима. Листови су покретани по свима крајевима на југу Монархије. Уколико је лист био борбенији и смелији у изношењу омладинских идеала, утолико је више био тражен и читан. Али зато је цензура такве листове немилосрдно прогонила. Знатан број часописа забрањиван је одмах по изласку првог или другог броја. Њих је омладина нарочито тражила да види зашто их цензура забранила. Својом борбсношћу и рсволуциоарним духом на прво место су долазили далматински листови „Напредњак" (Шибеник) и „Уједињење" (Сплит, 1913). Својом смелошћу одликовао се и загребачки „Вихор". Бечка „Зора" била је још одраније позната по свом напредном ставу.

Године 1914, када се приступило организовању целокупне нанионалистичке омладине српске, хрватске и словеначке, јавља се потреба за једним листом који би био званичан орган националистичке омладине. После дугих преговора у том правцу, најзад почиње у Прагу да излази „Југославија", лист југословенске националистичке омладине. О многобројним омладинским листовима, покретаним од 1911–1914. године, могла би се написати читава расправа. Она би у исто време донекле представљала и историју развијања напредне националне мисли међу омладином.

Остала лектира омладине одговарала је тадашњем расположењу. Руска револуционарна дела била су најомиљеније штиво. Мало је било напредних омладинаца који нису читали „Подземну Русију" од Степњака (псеудоним Сергеја Михаиловича Кравчинског), или „Шта да се ради?" од Чернишевског. Крапоткинове мемоаре ја сам прочитао надушак, као најлепшу приповетку. Под утицајем такве литературе, наш друг Матеј Кордић је постао Матеј Кордић Петров, а Мирко Кус – Мирко Кус Николајев!

Идући за напредним идејама, Данило Илић је у „Универзалној библиотеци" и „Библиотеци Ослобођења" објављивао своје преводе мањих дела Бакуњина, Андрејева, Горког, Рамуса. Књижица „Београд без маске" од Владимира Черине била је врло омиљена, јер је приказивала прави народни Београд, без конвенционалних манира и лажи. Међутим, постојале су две брошуре које је сваки националиста тражио као жедан воду. То су: „Хрватска у борби за слободу" (анонимно од Тина Ујевића) и „Смрт једног хероја” од Осветника (псеудоним Владимира Гаћиновића). Прва је указивала на тешко стање у Хрватској и упућивала на револуцију као једини излаз и спас, а друга је позивала на „националну жртву”, славећи дело Богдана Жерајића. „Смрт једног хероја”, иако је написана за српску омладину, постаде „Верују” за националистичку омладину. Ову смо брошуру читали на скуповима и коментарисали о њој, држали смо предавања и дискутовали. Читаве реченице из ње знали смо напамет. Дело је посве успело у својој намени „да изазове револуцију у духовима и мишљењу младих Срба” (из предговора Спире Солде). Мисли и идеје ове књижице изложене јасно и полетно, стилом који хипнотише читаоца, имале су врло јак утицај на омладину. Може се слободно рећи да је ова књижица васпитала готово читаву једну генерацију за саможртвовање. Неодољиву моћ су имали редови: „Не мали рад, него борбу, не мир но рат и победу, рад у жучној борби и мир у великој победи. – Омладина непробуђених народа мора имати широко срце кроз које ће зазвонити бол оних који не умеју да говоре, и то срце сме само за њих куцати, бити њихов гласник.” За нас тада ово нису биле реторске фразе, него програм. Наша пробуђена национална свест и енергија нашле су у овим мислима правац деловања и смисао акције. И сваки је од нас донео у себи одлуку да следи Жерајића; „Заборавити на себе, изгорети за друге”, и да се не бојимо неуспеха, јер „кад ми погинемо доћи ће други”.

Док су поменуте брошуре деловале у револуц-ионарном духу и сугерисале терористичку акцију, две су брошуре знатно утицале у југословенском идеолошком правцу: „Народ који настаје” од Ми-лана Марјановића, и „Анте Старчевић”, расправа од Јована Скерлића. Марјановић је показао како се наш народ формира као јединствен под утицајем разних фактора и тиме нас храбрио на путу нашег јединства. Скерлић је својим Старчевићем открио још једну нову стазу која је водила јединству Срба и Хрвата. Иначе, он је важио као један од наших главних идеолошких вођа. Програм омладинског клуба у Београду „Народно уједињење” прихвати-ла је југословенска националистичка омладина као свој. Тако су омладинске тежње и метод рада доби-ли своје теоретско уобличење. Целокупној акцији, Програм је дао систематску подлогу. А и он је тра-жио „васпитање себе за националну жртву”, Атен-тати у Хрватској само су распламсавали већ потпа-љену ватру.

То је била литература која нас је духовно узди-зала и усмеравала. Друга врста лектире имала је више практичан карактер. У њој смо налазили упут-ства како да се практички оспособимо и очеличимо за борбу, да упознамо шта је потребно за успеш-није вођење борбе. Ту на првом месту спада бро-шура „Народна одбрана” (Београд 1911). У њој су били изложени циљеви и задаци „Народне одбра-не”, њена организација и начин рада. Затим долази „Џепна књига о аустроугарској војсци” (Издање Народне одбране – Београд 1909). Писац није означен, а написао ју је Милан Прибичевић. Она се много цитирала у процесу против Гаврила Принципа и другова. Ту спада још и „Савезник – Четник”, орган Савеза трезвене младежи. Овде су. објављена упутства о раду скаута по систему Баден Паула.

Уз наведену литературу, ја сам још са великим интересовањем читао дела из филозофије, социологије и природних наука до којих сам тада могао доћи, било на нашем или немачком језику (Б. Кнежевић, Петронијевић, Базала, Спенсер, Шопенхауер, Ниче, Швеглер, Смајлс, Дарвин, Ламарк, Хекел, Џорџ, Дрепер, Штирнер, Бихнер и др.).

Данило Илић

Пристанак на атентат

У таквој атмосфери једног кишовитог петка, 22. маја 1914. г., срео сам се на Кеју са Васом Чубриловићем, учеником VI разреда гимназије. Познавао сам га из виђења и само једном смо се нашли заједно на ђачком састанку у „Слози". Том приликом, у дискусији која се узгред повела о нашим муслиманима, обојица смо били са онима што су сматрали да муслимани, који изјављују да су Срби, не треба због тога да међу нама имају неки привилегисани положај. Иначе, о њему сам знао само толико да је искључен из тузланске гимназије што је на светосавској прослави демонстративно напустио салу када се почела певати царска химна. Зато ме је мало изненадио кад ми је пришао. Одмах у почетку разговора упита ме да ли сам заиста био у затвору 1913. г. и због чега. После настависмо разговор о националним питањима, о потреби спремања за борбу против Аустрије, о будућности нашег народа и слично. Готово у свему смо се сложили и за час постадосмо блиски један другом као да се већ годинама познајемо. Васо наведе разговор на велике војне маневре, заказане у дане пред Видовдан. Одмах се зауставимо на престолонаследнику Фердинанду, који ће доћи и руководити тим маневрима. Сложили смо се да је он највећи нротивник српског народа и да, у ствари, он влада Аустро-Угарском, а не остарели цар Фрањо. У престолонаследнику смо гледали изразитог Германа, који намерава да германизује Аустро-Угарску Монархију, да у њој Немци воде прву реч, због чега га и Мађари мрзе. Он дигигује свим прогонима Словена у Аустро-Угарској. За одржавање маневара мислили смо да су практично вежбање за напад на Србију. – „Вала, њега би баш требало дочекати", рече Васо. – „Не само то, него Босна ће се страшно осрамотити, а нарочито омладина, ако дозволи да он из Босне оде жив", одговорих. – Васо, очигледно задовољан и охрабрен мојим одговором, погледа ме право у очи и упита: „Да ли би пристао да га дочекаш?" – „Бих", одговорих сместа без икаквог предомишљања. „Само чиме? Ваљда нећеш овим блатом", и руком показах на скупљену гомилу блата украј пута. – „Лако је за то, само да ли ти озбиљно пристајеш?" – Кад потврдих, он ми повери како неки спремају атентат на престолонаследника. Цела акција је у рукама Данила Илића, учитеља. – Илића сам добро познавао док је још био ђак учитељске школе. Васо ми рече да је Илић прво покушао да за атентат придобије Лазара Ђукића, ученика II разреда учитељске школе, али овај му је рекао како сумња да би могао бити толико присебан да успешно изврши дело. Ђукић је био јако нервозан. У замену, он је обећао Илићу да ће наћи поуздана и сигурна лица. Нашао је Васу, који одмах пристаде, а како је Илић тражио двојицу, Васо одмах помисли на мене, пошто је знао да сам већ био у затвору. Разговор смо завршили тиме што сам ја одлучно изјавио да ћу пристати да извршим атентат. Све потребне информације Васо ће добити од Илића и ја немам потребу да се састајем са Илићем, а то је и у интересу тајности целог овог подухвата.

Све је ово природно и сасвим разумљиво за свакога ко је бар мало познавао духовно стање омладине, о којем сам већ раније говорно. Међутим, и иследни судија и председник расправе никако нису могли да схвате како је то могуће да ја под Васиним изразом „дочекати", подразумевам атентат. Још мање су схватали да нас двојица који се, тако рећи, добро и не познајемо, на првом нашем састанку доносимо ову судбоносну одлуку о учествовању у убиству престолонаследника. Ја верујем да су они, и поред нашег убеђивања, и даље остали у уверењу да им нисмо верно приказали тај наш први састанак – толико су били далеко од схватања наших идеја, жеља и осећања. Из истог разлога нису поверовали ни мојој изјави да се у Сарајеву међу средњошколском омладином могло наћи не два, него десетинс атентатора и да је само случај што је Илић, одпосно Ђукић, наишао на Васу и мене. А државни тужилац је у свом завршном говору на расправи, наводећи како сам на Васину понуду одмах пристао на атентат, са згражањем рекао: „Каква је то поквареност!"

Васо Чубриловић

Живот до Видовдана и примање оружја

После пристанка на атентат, сву ноћ сам провео у мислима и сновима о атентату. Сутрадан ујутро био сам сасвим други човек. Помирен са мишљу да живим само до Видовдана, одједном сам другим очима посматрао све око себе. Школске предмете престао сам да учим. Новине, које сам редовно читао, престале су да ме интересују. На другарске задевице на које би пре сигурно плануо, сада сам гледао са неке висине и великодушно прелазио преко њих као преко безначајних ситница. Уопште, све сам окретао на шалу и био веома добро расположен. Помисао да нећемо успети или да нећемо моћи ништа да учинимо, па да ћемо се осрамотити, стално ме је прогањала. Иако сам био млад, тек 18 година, осећао сам да ово није наша лична ствар, већ целог нашег нараштаја. Осећао сам да је овде ангажована част националистичке омладине и, ако се осрамотимо, бацићемо љагу на читав националистички покрет. Зато сам се непрестано храбрио и био чврсто убеђен да атентат мора по сваку цену успети. С времена на време састајао сам се са Васом. Илић му је рекао да ће сем нас двојице још четворица „чекати" престолонаследника. У почетку нисам ово веровао, мислио сам да Илић то говори само зато да нас двојицу охрабри, јер шта ће му шест атентатора!

Илић је био обећао да ћемо оружје, револвер и бомбу добити одмах да бисмо се могли вежбати у гађању и руковању бомбом. После је стално говорио да „ствари" нису још стигле. Пошто је већ био месец јун, а ми оружје још никако нисмо добили, озбиљно сам посумњао да од свега неће бити ништа. Најзад једног дана дође Васо и рече да је оружје стигло и да ћемо га за дан-два добити. Ради сваке сигурности решисмо да оружје не држимо код себе, већ да нађемо поуздане личности и које нису за полицију нимало сумњиве, па да га оне чувају. Ја сам био решио да своје оружје дам колегиници из женске учитељске школе, Драгици Ђаковић. Кад сам јој све поверио, носле кратког устезања пристала је и сложила се са целом ствари. Међутим, како до мог одласка на школску екскурзију 15. јуна нисмо још добили оружје, овај довогор са Ђаковићевом постаје беспредметан.

Школска година 1913/14. завршена је нешто раније и свим ђацима који нису из Сарајева наређено је да по распуштању своје школе најдаље до 25. јуна оду из Сарајева. Мој разред, трећи учитељске школе, ишао је од 15. до 23. јуна на екскурзију: Мостар – Дубровник – Трст – Постојна – Љубљана – Загреб – Сарајево. Водио нас је професор педагогике Аца Стјепановић. Ради бољег реда на екскурзији, ми, ђаци, сами од себе, поделили смо се у три групе од којих је свака изабрала свога вођу. У току екскурзије сва потребна обавештења профес-ор би саопштио вођама група, а њихова дужност била је да се даље старају о извршењу добивеног наређења. Групе су имале и своја имена. Група ко-јој сам ја био вођа звала се ,,футуристи", према књижевном покрету у Италији (Marinetti), о чему смо нешто знали. Чини ми се да је овај назив пре-дложио Милан Вулетић, а ми смо га одмах прихва-тили као нешто необично и ново. Због овог назива имао сам са иследним судијом доста муке. Није ве-ровао да је ово име изабрано сасвим случајно и да наши ,,футуристи" немају ничег заједничког са ,,футуристима" из Катићеве ,,Зелене баште", кафа-не на Кеју, у којој су се састајали одрасли омлади-нци, већином писци. Готово је смешно, колико је иследник наваљивао да му објасним зашто и откуд баш да узмемо то име.

У повратку са екскурзије, како је који ученик долазио у свој крај или имао везу до свог места, професор би му исплатио путни трошак и он би се од нас опростио. У Славонском Броду дође ред и на мене да се одвојим, пошто ми је отац после пен-зионисања отишао из Приједора у Земун, где му је и брат живео. Професор Стјепановић ме већ из-брисао из свог списка и одвојио путни трошак до Земуна. Али ја му тада изјавим да путујем у Сара-јево да се нађем са сестром коју нисам видео већ неколико година, а која је сад дошла у Сарајево да види престолонаследника. Све сам ово измислио само да бих имао јако оправдање зашто се враћам у Сарајево. Пошто сам био одличан ученик, професор није ништа посумњао и пристао је, али с тим да идем на своју одговорност. Кад сам се у новембру 1918. године, по изласку из затвора, срео у Сарајеву у хотелу „Европа” са г. Стјепановићем, прве речи су му биле: „Је ли, молим те, зар ти мене онако у Броду намагарчи!”

Кад смо стигли у Сарајево, на железничкој станици полиција је свима одузела ђачке легитимације с напоменом да сутра дођемо у полицију по њих. Као што сам већ рекао, за све средњошколце чији родитељи или старатељи нису живели у Сарајеву издато је наређење да до четвртка 25. VI морају отпутовати из Сарајева својим кућама. Одузимајући нам легитимације, полиција је свакако хтела да провери има ли међу нама таквих који су се вратили са екскурзије. Наравно, сутрадан ја нисам отишао по своју легитимацију, јер би ме сигурно питали шта ћу у Сарајеву, а причу о сестри лако би проверили и установили да је измишљена. Стално сам страховао да ме не потраже и позову на одговорност зато што нисам подигао легитимацију. Било је врло непромишљено са моје стране што сам остао у истом стану. Али све се добро свршило. Нико ме није тражио, што је само један доказ више о аљкавости или безглавости тадашње сарајевске полиције. Чим сам се мало одморио од пута, потражих Васу. Нашли смо се увече у Чекалуши (данас Немањина ул.) и он ми рече да је све спремљено. Бомбе и револвере добићемо у суботу. Он

се са Ивом Крањчевићем договорио да му овај са-
крије оружје ако на Видовдан из било којих разло-
га не би могао да изврши атентат. После сам се
састао и са Ивом. Разговарали смо о атентату и на-
гађали шта ће бити после тога. Иво се непрестано
жалио што му неће остати ниједна бомба да после
и он „умлати коју свињу”. Пошто сам ја већ тада
био толико кратковид да преко улице нисам распо-
знавао лица, ои ми за дан атентата понуди свој
цвикер на који сам добро видео. Одбио сам то из
два разлога: прво, ја до тада нисам носио цвикер,
и, ако га сад ставим, могу скренути пажњу полици-
је и детектива, а друго, то је било непотребно по-
што ће Васо стајати пре мене и, кад његова бомба
изазове метеж и заустави престолонаследников ау-
то, ја ћу се лако приближити да бацим своју бомбу,
а затим ћемо заједно осути пальбу из револвера на
престолонаследника и последњим метком убићемо
себе. За сваку сигурност, непосредно пре бацања
бомбе прогутаћемо добивени отров. Такав је био
наш план, донесен у споразуму са Илићем.

Дошла је субота. По споразуму требало је да
се ја и Васо састанемо са Илићем после подне око
три сата у кафани на Бендбаши. Прво смо се са-
стали нас двојица, а мало касније дошао је и Илнћ.
У лицу је био нешто блеђи но иначе. Џепови су му
били пуни новина да би камуфлирао оружје у њи-
ма. Ту у кафани дао нам је по парче цијанкалија.
Онда кренусмо сви у парк код купатила, где Илић
даде Васи бомбу и револвер. Затим продужисмо
путем уз Миљацку и у тунелу испод Пеливан-сте-

не, где смо били потпуно сигурни да нас нико не може видети, Илић извади из џепа другу бомбу. Одврну мали месингани затварач и на узаном врату бомбе угледасмо жуту капислу. Када се ова каписла ударцем о какав чврст предмет упали, треба бројати до десет и онда бацити бомбу, јер после ударца она експлодира након дванаест секунди – објасни нам Илић. Кад је бомбу поново зашрафио, даде је мени. Затим извади нов револвер, система бровнинг од 9 mm, напуњен са осам метака (осми у цеви). Показа нам како се револвер укочи и откочи, па ради пробе испали један метак у зид тунела. Због одјека у тунелу, пуцањ је био веома јак, а Илић рече: „Где овај удари ту мелем не помаже!” – Пружи ми револвер и одмах кренусмо натраг у град. Уз пут Илић нам саопшти места где треба да чекамо. Васо ће стајати код Девојачке школе, а моје је место више њега на углу преко пута Ћумурије ћуприје. Престолонаследник ће бити у другом или у трећем ауту, зато на њих треба да обратимо пажњу. Ако приликом доласка у Вијећницу ма из којих разлога не можемо ништа учинити, после нека сваки хвата које било згодно место, само да се атентат изведе. Вероватно ради охрабрења напомену нам да су у нас управљене очи целе нације и да дело које ћемо извести има историјску важност. На крају је додао да ће још четворица атен- татора бити на Кеју, и они ће такође чекати престолонаследника.

После растанка отишао сам право у своју собу. Иако сам се читав месец дана психички припремао за сутрашњи дан, био сам ипак веома узбуђен. Непрестано сам разгледао и бомбу и револвер и замишљао шта ће сутра бити. Изводио сам и неку врсту практичне вежбе: десном руком измахивао сам бомбом као да бацам, а затим сам брзо узимао револвер из леве руке у десну и замишљао да пуцам. Све сам ово могао несметано изводити, пошто сам у соби био сам. Моји собни другови Лазар Антешевић и Момчило Мичетановић већ су били отишли из Сарајева својим кућама.

Увече сам отишао у Чекалушу, где сам нашао Васу и Иву. То нам је био последњи састанак до атентата. Кад смо се разилазили Иво нам зажеле успех, напомињући да ће свакако гледати да после атентата дође до каквог оружја, па да и он нешто учини.

Пре атентата

Видовдан 1914. године

Није ми било мило кад је Видовдан, и после кратких летњих киша, осва̄нуо потпуно ведар. Да бих што неприметније могао да носим бомбу и револвер, био сам решио да огрнем пелерину. Али човек у пелерини на топлом јунском сунцу за време доласка престолонаследника може у очима полиције и детектива бити сумњив. Међутим, другог излаза нисам могао наћи. Забацим пелерину на леђа и пођем на Кеј. Уз пут одврнем бомбу и затварач бацим преко плота у некакав коров на углу Аџемовића и Логавине улице. Кад сам приликом ислеђења рекао где сам га бацио, попиција га је узалуд тражила, није га могла наћи. Бомбу ставим у десни џеп капута, а откочени револвер у леви. Што сам се више приближавао Кеју, био сам све више узбуђен. Непрестано сам размишљао шта ћу урадити ако ме неки детектив или полицајац заустави и легитимише, па поведе у полицију.

Кад сам стигао на Кеј, одшетам до школе да узмем извештај за школску 1913/14. год. Уз пут сам срео Принципа у друштву са гимназистом Сваром, синому државног тужиоца. Знао сам да Принцип није из Сарајева и зато одмах посумњах да није можда и он један од оне четворице о којима нам је Илић говорио. Иначе, шта ће он сада у Сарајеву? Можда је то исто помислио о мени Принцип, кад ме је угледао, јер ни ја нисам био Сарајлија. У школи сам узео извештај и са школским другом Војиславом Богићевићем вратим се поново на Кеј. Било је око десет часова и људи су већ почели да попуњавају десну страну Кеја, јер је лева (поред Миљацке) била под сунцем. Зауставимо се на утлу, Ћумурије ул. (данас ул. Зринског) испред дуванцинице. Поред нас, наниже, прође Васо са Љубомиром Шпирићем, учеником учитељске школе.

За време ове шетње, ја сам се био смирио, али, осећајући да се примиче одлучан тренутак, опет ме обузе узбуђење.

Да бих га прикрио, отворио сам *Извештај* и почео да читам теме за испит зрелости, правећи иа њихов рачун разне вицеве. Уто наста жагор светине и сви полетеше у прве редове на ивицу тротоара. Ја остадох сам поред дуванцинице, пошто је требало да о њен зид ударим капслу и упалим бомбу. Чим сам остао осамљен, одједном ми сину мисао, шта ће бити ако ми сад приђе детектив? Помислих, боље да убијем и њега и себе него да ме ухапси. Цијанкалиј, замотан у цигарет-папир, опрезно ставим у уста. Да оправдам своју усамљеност, пропињао сам се на прсте, тобоже да боље видим. Затим испод пелерине узмем бомбу у десну руку, а револвер у леву. Био сам у нарочитом душевном стању, у некој врсти хипнозе. У себи сам стално понављао: сад ће, сад ће. Зачу се тутањ аутомобила и светина поче викати: „Ето га", и први ауто прође доста великом брзином. Мало касније чуо сам да прође и други. Од света испред себе, нисам видео ништа. „Сад ће!" – Очекујем прасак Васине бомбе. Изненада, преко пута од мене, одјекну слаб пуцањ. Погледах у правцу одакле се чуо пуцањ и, преко пута на Кеју, уз гвоздену плинску бандеру опазих сувоњавог повисоког младића и поред њега целом Сарајеву познатог глувонемог Морица, који ни душевно није био сасвим здрав. Тог тренутка помислих да је онај високи младић покушао да пуца из револвера, али му је метак слагао. Усталасана маса затвори ми видик, а све ближи повици: „Живио! Живио!" говорили су да се приближује ауто са престолонаследником. Уто зачух да прође и трећи ауто. Одмах затим разлеже се детонација бомбе. У том тренутку као да сам био аутомат, на који треба само притиснути дугме па да ступи у дејство. Довољно би било да сам тада само угледао престолонаследников лик – паљење бомбе, бацање и пуцање из револвера уследило би сасвим аутоматски. Међутим узалуд сам се пропињао на прсте да спазим заустављени Фердинандов ауто – њега није било.

Око мене наста трка светине, а са свих страна чуло се звиждање полицијске пиштаљке и врисак жена. Сместа уочих опасност у којој се налазим и за трен ока моје се психичко стање потпуно измени. Муњевитом брзином севну ми мисао: што пре ослободити се оружја. Потрчим Ћумуријом улицом, уђем на прва врата у двориште, спустим се степеницама у подрум и ту оставим оружје и цијанкалиј. Кад сам се вратио на Кеј, нађем Богићевића како држи Љубу Шпирића, коме је нога крварила. Чујем како једни говоре, ништа „им” се није десило, а други су опет тврдили да је престолонаследник лакше рањен. Пошто су на Кеју тајни полицајци још увек хапсили оне што су им изгледали сумњиви, одох на корзо код хотела „Централ”. Овде свет још ништа није знао шта се догодило на Кеју. Експлозију бомбе схватили су као пуцањ топова са Жуте табије у част престолонаследииковог доласка. Мене је мучила мисао да ли је атентат успео. Цео догађај није ми био јасан. Никако нисам могао да схватим како је после експлозије бомбе, ауто са Фердинандом прошао крај мене, а да га ја нисам приметио. Међутим, трећи ауто, у коме је био престолонаследник са супругом и Потиореком, у часу експлозије већ је био повише зграде „Просвјета”. Он је пре експлозије прошао поред мене, а ја га од светине нисам могао видети.

После краћег чекања код хотела „Централ”, наста ларма у горњем делу корза више хотела „Европа”. Прогурах се да дознам шта је. Једни тврде да су малочас експлодирале три бомбе, други да су двојица пуцали из револвера – готово сваки човек је дрУкчије говорио. Једни су тврдили да нико није рањен, други да је престолонаследник лакше рањен, трећи да су он и Потиорек теже рањени итд. Нико није знао одређено и поуздано шта се догодило. Ипак, из свих тих вести, дознао сам да је сем оне бомбе при доласку Фердинандовом у Вијећницу, био и атентат револвером при његовом повратку из Вијећнице. Само нико није знао како је атентат успео. Али, пошто је престолонаследник прекинуо свој свечани поход кроз улице и отишао у Конак, Потиорекову резиденцију, закључио сам да се некоме ипак морало нешто десити. Појурих у подрум да узмем оружје, где сам га био оставио, али нађох улазна врата од дворишта закључана. Онда одем кући и спалим све што је могло послужити као повод за хапшење. Наслућивао сам да ће после овога настати хапшења и преметачине код имало сумњивих особа. Затим се поново упутим на Кеј. Уз пут сам на неколико места чуо да је бомбу бацио неки радник Чабриновић. Ја сам сматрао да свет погрешно изговара Васино презиме Чубриловић и био сам сигуран да је он бацио бомбу. О престолонаследнику опет нисам могао ништа дознати и то ме је тиштало. Више да убијем време и да се нађем у неком послу, него што сам осећао глад, одем преко Чобаније ћуприје (данас Масариков мост) на ручак у једну млекаџиницу. Могло је бити око један сат после подне кад сам, после ручка, кренуо Иви да од њега дознам шта је учинио Васо. Управо кад сам прелазио преко Чобаније ћуприје спазих како се са крова поштанске зграде поче спуштати велика црна застава. Значи, неко је платио главом и то од главнијих личности, чим се истичу црне заставе на државним установама. Као да ми камен спаде са срца. Радосно пожурих Иви. Кад сам стигао до раскршћа пет улица, са којег се улази у Химзарину улицу где је становао Иво, наиђох на једну жену која је плакала на сав глас. Њој у сусрет долазио је неки човек у излетничком оделу са ранцем на леђима. Он на немачком језику упита жену зашто плаче, а он а одговори: „Beide sind hin!“ (Обоје су погинули.) Дакле, успели смо! Истина, нисам знао ко су то „обоје“, али „он“ се ту свакако подразумевао, јер једна Немица неће ма за ким јавно на улици плакати.

Од Иве сам дознао да бомбу није бацио Васо, већ типограф Чабриновић, а на повратку престолонаследника из Вјећнице пуцао је Принцип. Од Чабриновићеве бомбе рањено је неколико лица, а Принципови меци усмртили су Фердинанда и његову супругу. Када сам ово сазнао, било ми је свеједно шта ће се са мном десити. Ствар је савршено успела и сад нас могу набити на колац, помислих у свом романтичарском заносу. Ишао сам улицама и дрско загледао сваком пролазнику у лице да дознам како га се дојмио атентат.

Сутрадан ујутро (у понедељак) газдарица ми исприча о демонстрацијама против Глише Јефтановића и демолирању хотела „Европа“ и „Српска ријеч“. Истог дана пре и после подне настаде дивљачко уништавање свега што је српско уз асистенцију полиције и војске. По улицама свет је читао излепљене плакате којима Градски одбор позива исправне и држави одане грађане да из своје средине искорене коров и плаћене агенте Србије. 'Гако подстакнута и охрабрена разуларена руља разваљивала је српске трговачке и занатске радње и сву робу избацивала на улицу где се довршавало уништавање. Овај друштвени олош понегде је улазио и у српске домове и кроз прозор избацивао сав намештај и варварски га уништавао.

Пре подне нашао сам се на Кеју са Јовом Грубором, који је остао у Сарајеву ради полагања матуре у учитељској школи. Кад се разбеснела руља после демолирања „Српског клуба" упутила улицом Фрање Јосифа (данас Ул. Југосл. армије), претпостављао сам да је на реду ђачка трпеза Добротворне задруге Српкиња (Задужбина мис Аделине Павлије – Ирби). У дому је било и сиротиње, ђака и шегрта, који су овде и становали. На помисао да ће ове побеснеле животиње све то демолирати, нисам Више могао да издржим и убрзо се опростих од Грубора рекавши: „Сад ће они добити своје". Никако се нисам дгогао сетити ко је то био са мном. Кад сам на једном нашем састанку у хотелу „Централ" 1966. г. о томе причао, јавио се Јово Грубор: „Па са мном си био, како да се не сећаш. Ја све то врло добро памтим". – Био сам решио, ако демонстранти нападну Дом, да међу њих бацим бомбу, а шта ће бити даље, нисам мислио. Међутим, моја се намера није остварила. Улазна врата куће у чијем сам подруму оставио оружје била су опет закључана.

После подне присуствовао сам спроводу погинулог Фердинанда и његове супруге. Стајао сам на шеталишту више Латинске ћуприје (данас Принципов мост), на левој страни Миљацке. Спровод се кретао преко моста, па уз Бистрик према железничкој станици. Потпуно сам заборавио откуд је спровод дошао на мост. Вероватно тада нисам на то обратио пажњу. Стајао сам у маси и тискао се према улици да што боље видим спровод. Спровод је свакако кренуо из Конака Конак-улицом (данас ул. Нурије Поздерца), прешао преко Цареве ћуприје (д. Жерајићев мост) па низ Кеј и скренуо на Латинску ћуприју. У својој књизи „Сарајевски атентат" (стр. 44), Боривоје Јевтић погрешно наводи да је спровод пошао из католичке катедрале, где су балсамована тела била тобоже ради освећења. Да је било тако, сарајевске новине би то несумњиво забележиле, а тога податка у њима нема, као што нема ни којим се улицама кретао спровод од Конака до железничке станице на Бистрику.

Одлазак из Сарајева и хапшење у Зеници

Још једном сам се састао са Васом и Ивом у Кошеву. Овде смо видели како неки демонстранти демолирају бараке једног спортског клуба. У уторак (30. VI) кренем кући у Земун, где ми се отац после пензионисања преселио из Приједора. Бојао сам се како ћу проћи на железничкој станици. Претпостављао сам да се над путницима који одлазе из Сарајева врши строга контрола. На станици поред шалтера за издавање карата стајао је полицајац. Кад сам пришао и затражио карту, ништа ме није питао. Сав радостан пожурио сам да што пре уђем у воз. Мислио сам да је главна препрека пређена и главна опасност од хапшења избегнута. Преварио сам се. На свакој станици улазила је у воз жандармеријска патрола и прегледала путницима легитимације. Пошто је моја редовна ђачка легитимација остала код полиције у Сарајеву, ја сам показивао школску сведоџбу из првог полугодишта и све до Зенице добро сам пролазио. Овде се вођа патроле није задовољио школском сведоџбом нити мојим објашњењем да легитимацију немам зато што нисам имао новац за фотографију, а раније нисам отишао из Сарајева, јер сам од куће чекао новац за путни трошак. Ништа није помогло. Скидоше ме са воза и одведоше у полицију. Ту су ми при претресу кофера нашли и одузели цепни календар „Орао", због родослова династије Карађорђевића на унутрашњој страни. Задржали су и говор др. Ј. Смодлаке, посланика у бечким делегацијама: „Јужни Словени и Монархија", који је био запљењен у „Српској ријечи", даље, Кочићев чланак „Кметови" и више се не сећам шта још. О свему сам записнички саслушан и чиновник ми саопшти да ћу због тих ствари одговарати када ме позову.

У затвору сам остао све до суботе. У ускоj собици било нас је толико да се могло само седети. Сваког дана долазили су нови хапшеници Срби и причали о ужасним прогонима Срба не само у Зеници већ и по читавој Босни и Херцеговини. Пропалице и неваљалци свугде су се утркивали ко ће више штете и пакости нанети Србима уништавајући њихову имовину и подносећи властима подле денунцијације. За илустрацију атмосфере у односу на Србе, карактеристичан је акт жандармеријске станице у Зеници, упућен Котарском уреду у Зеници. Добио сам га од др Душана Мандића, сина Илије Мандића (види прилог I). У њему се наводи како пристав Илија Мандић у Сарајеву пропушта Србе да путују, иако немају прописне путне исправе. Као пример наводи се мој случај. Пријава је настала из чисте злобе и покварености. Нити сам познавао Илију Мандића, а још мање ишао да ми прегледа путне исправе, које нисам ни имао, нити сам ја икоме изјавио да ми је у Сарајеву Илија Мандић прегледао путне исправе. Пријава је датирана од 6. јула 1914. г., дакле кад сам ја већ био ухапшен у Земуну и кад се већ знало зашто. То је искористио командир жандармеријске станице да оцрни у мом случају потпуно недужног службеника Илију Мандића и да себе прикаже у што бољем светлу. У акту се каже да ме је жандармеријска патрола зауставила „поради мањкавости путних исправа и ради сумње учесништва код атентата". Ово последње је потпуно нетачно. У току та четири дана, колико сам провео у затвору у Зеници, нико ме није ништа испитивао о атентату.

Кад је полицији стигао извештај директора учитељске школе (Виктора Погачника) да сам одличан и примеран ученик, пустише ме на слободу. Но, пошто је моја возна карта до Земуна изгубила важност, а ја нисам имао новац да купим другу, добио сам „маршруту" (објаву) за бесплатну вожњу. Није ми познато коме се давала таква објава. То је био штампан образац у коме се препоручује свима успутним властима да „именованом" излазе у сусрет и да га најкраћим путем испрате до означеног места. Из Босанског Брода, депешом од 4. VII, јавио сам се оцу да стижем те вечери после 7 часова. Ја сам сасвим био заборавио да сам ту депешу послао. Нашаосам је у Државном архиву БиХ (IV-3-3).

Био сам јако уморан и изнемогао од глади. Кад је воз кренуо за Земун, попео сам се на полицу за пртљаг, опружио се и брзо заспао. У неко доба ноћи пробудих се од ларме. Воз је стајао и ја упитах која је то станица. „Сомбор", одговори неко од путника. Одмах се расаних. ‚Како Сомбор ? Па куда иде овај воз?" – „У Пешту", Добих одговор. Е, на здравље, помислих. Сад сам се лепо удесио! – Објаснише ми да је требало да у Винковцима пређем у воз за Земун. Сад ми није преостало ништа друго него да продужим до Суботице и ту сачекам први воз за Земун. На станици у Суботици одмах потражих ред вожње и док сам га још читао, приђе ми детектив и позва у станичну полицију. Ту ми почеше претресати кофер, али, чим сам им показао „маршруту", одмах ме пустише. Први воз за Земун имао сам тек увече. Отишао сам у град и на пијаци купио ситних кајсија за оно мало новца што ми је преостало. Онако изгладнео, слатко сам их јео, и памтићу то док сам жив.

Хапшење у Земуну и спровођење за Сарајево

Брзим возом стигао сам око 6 часова изјутра у Земун. Како је од атентата прошло читавих седам дана, страховао сам да нису у Сарајеву нешто дознали и о мени, па одлучих да из станице не изађем на главни излаз, где би ме можда детективи задржали. Срећом, мој вагон оде накрај дугачке земунске станице. Сиђох и пројурих кроз прва врата на која сам на перону наишао. Прошао сам кроз кухињу станичне ресторације. Особље ме је зачуђено гледало. Пред станицом ускочих у најближи фијакер и реко кочијашу адресу. Први пут у животу угледах у даљини Београд, обавијен јутарњом маглом, и срце ми јаче залупа. Био сам наумио да прву ноћ искористим, и, пливајући Дунавом, спустим се до Београда.

Кад сам стигао кући, дадох оцу „маршруту” да је однесе у поглаварство и пријави мој долазак према издатом наређењу које је важило за све путнике. У међувремену од маћехе сам дознао да се испод наше куће налази воћњак, а сасвим доле Дунав. Одлично, помислих у себи. За моју намеру не може бити боље. После доброг доручка легох да се испавам. У неко доба ноћи пробуди ме отац и рече да у полицији траже да лично дођем, јер тако стоји у оној објави. Слутио сам опасност и помислих да бежим. Ипак, после кратког размишљања закључих да су добили наређење да ме ухапсе, не би овако по оцу поручивали да дођем, него би одмах послали стражаре да ме одведу. Сем тога, кад сам био у Броду, прочитао сам у „Хрватском дневнику” списак ухапшених лица и сем Данила Илића нико од осталих није ништа знао о мени. И тако коначно решим да одем. Кад сам дошао у полицију, дежурни службеник (била је недеља) прочита ми депешу из Сарајева у којој се наређује да ме одмах ухапсе чим стигнем у Земун и спроведу у Сарајево, због учешћа у атентату! Одговорио сам да је то сигурно нека забуна, да ја немам никакве везе са атентатом. Затим ми чиновник саопшти да ћу остати у затвору, пошто је воз за Славонски Брод већ отишао, и сутра пре подне отпратиће ме за Сарајево.

У затвору, опружен на голим даскама, почех размишљати како сам глуп нспао! Ослонио се човек на логику и разум, а доспео полицији у руке. Али сад је било доцкан за кајање. У међувремену јављено је у Сарајево да сам ухапшен. Отуда су телефоном дали податке о мени на основу којих треба да будем одмах саслушан. Службеник који ме је саслушавао, или је био уверен да нисам крив, или је био добар националиста, па уместо да ме на основу добивених података почне испитивати и евентуално дозна још нешто ново, он ми одмах прочита све што су из Сарајева јавили. Све је било тачно и то су могли дознати само од Илића, зато би свако порицање било узалудно и бесмислено. Стога, кад ме чиновник упита шта имам о томе да кажем, ја мирно одговорих: „Могу само да потпишем да је све то тачно.” Он се запрепасти. Није могао да верује да пред собом има једног од атентатора на покојног престолонаследника. Био сам омален и нимало нисам личио на некакву опасну индивидуу. Са великим интересовањем распитивао се о бомби, како изгледа и како се њоме рукује. После ме је још једном звао да кажем тачно где сам оставио бомбу и револвер. Рекао сам у подруму „Просвјетног савјета”. Међутим, то није било тачно. Зграда „Епархијског и просвјетног савјета” била је са лица у Ћумурији улици, а ја сам своје оружје оставио у подруму зграде која је била у дворишту и није гледала на улицу. Због овог неспоразума, полиција је, како ми је после саопштио Васиљ Грђић, моје оружје тражила чак и у подруму друштва „Просвјете”. Потиорек је 7. VII, дакле, оног дана кад сам дошао у Сарајево, јавио у Беч да је моје оружје нађено у подруму куће Хаци-Костића („Преглед”, фебруара 1938). А мене 7. јуна нико није испитивао. Прво саслушање код судије истражитеља било је 8. VII (види у прилозима записник о моме саслушању). Том приликом Пфефер је тражио од мене да му нацртам план улаза у подрум и означим место где сам оставио оружје и цијанкалиј. Тај нацрт са мојим потписом приложен је уз записник тога дана. Ако је оружје нађено већ 7. VII, зашто је онда 8. VII тражен овај нацрт ? – На ово питање добио сам одговор тек кад сам у Државном архиву БиХ нашао записнике о налазу мог оружја. Из записника са саслушања Константина Костића, студ. технике, сина власника зграде у чијем сам подруму оставио оружје, виде се да је то оружје стварно нађено већ 5. VII увече, а три дана касније дошли су опет полицијски органи и тражили цијанкалиј, али га нису нашли. Значи требало је да мој нацрт послужи за налаз цијанкалија. Из саслушања Виктора Ивасјука, шефа криминалног одсека сарајевске полиције, дознао сам да је он телефоном разговарао са мном 5. VII, кад сам био ухапшен у Земуну и питао ме где сам оставио оружје. На основу мога описа, он га је увече нашао. Тај телефонски разговор ја сам био сасвим заборавио.

Да наставим. У Земуну сам преноћио у затвору и сутрадан, у пратњи два полицајца, кренуо возом за Брод. На станици ме је испратио отац. Њега сам умиривао да ћу се брзо вратити и да ме хапсе вероватно зато што сам већ раније у Пјанићевом процесу био затваран. На растанку, отац ми рече да нећу више наставити школовање у Сарајеву, него ће ме послати у неку другу учитељску школу. То је било наше последње виђење. Кад се српска војска повукла из Земуна, он је са породицом пребегао у Србију и био учитељ у Суводолу код Битоља, где је умро 1915. г.

Спроводници до Брода, земунски полицајци, били су добри. Нису ме никако везивали. Чак су ми дозволили и да пушим. У Броду ме предадоше босанским жандармима и одмах осетих сасвим други режим. У возу ми свезаше ланцима једну ногу за клупу. Кад сам упитао могу ли запалити цигарету, они се изненадише да имам цигарете и сместа ми их одузеше. Касније, вођа патроле заподену разговор о атентату. На основу онога што је знао из новина, он ме поче испитивати за свој рачун. Према његовим питањима и примедбама о томе шта се „већ зна", одмах осетих да жели од мене „испипати" нешто ново, како би се код својих претпостављених могао похвалити својом умешношћу у исплтивању. С нарочитом пажњом слушао је моја побијања о разним измишљотинама, изнесеним у новинама о којима је говорио. Било је управо смешно како се довијао да као узгред, на изглед незаинтересовано, дозна како је било кад није било онако као што новине пишу. На лицу му се видело како са нарочитим задовољством слуша шта му говорим, па сам на рачун тога добио и цигарету. А ја сам натенане развукао и говорио о ономе што је иследни судија већ знао, али за њих обадвојицу то је било све ново и непознато.

У Сарајево смо стигли у уторак 7. јула рано изјутра. Одвели су ме у полицијску канцеларију у Вијећници. Чим су полицијском чиновнику рапортирали кога су довели, он се развика: „'си дошо, 'си дошо? Мислио си да побјегнеш у Србију, али да си тица, не би могао прећи прско границе. Боље би било да ти је мати теле родила него тебе." Уто се умеша вођа патроле: „Није он рђав, добар је он", и вероватно му је иза мојих леђа дао знак, па њих двојица изиђаше из канцеларије, а са мном оста други спроводник. Вођа патроле је сигурно испричао чиновнику шта је све од мене „дознао . Кад су се вратили, чиновник више није викао, него ме испрати у пријемну канцеларију полицијског затвора преко пута Вијећнице. Пошто је и овде дежурни службеник од мојих спроводника сазнао да сам „добар” и да „све говорим”, па ваљда да ме још више одобровољи, дежурии ме понуди црном кафом, што сам врло радо прихватио. И тако од стотине ухапшених и тешко малтретираних у сарајевској полицији, тих дана ја не само да нисам мучен него сам чак почашћен црном кафом, што све у крајњој линији треба да захвалим иследнику у Земуну, од кога сам дознао шта у Сарајеву знају о мени.

У међувремену јавили су у војни логор да дође патрола по мене. Док она није стигла, изведоше ме у двориште и ставише пред затворски зид са нарећењем да гледам у једну тачку на зиду. Ако се окренем ма на коју страну, стражар иза мојих леђа одмах ће пуцати у мене. Срећом, то није дуго трајало. Дође официр са два војника са бајонетима на пушкама, сместише ме у фијакер и одвезоше у војни затвор. Ту на првом спрату сместише ме у прву ћелију. Кад ми кључар изрече прописе којих се морам придржавати, показа ми руком даску на зиду ћелије. На њој је било причвршћено неколико гвоздених алки, као и на патосу испод ње. „Ту ћемо те вјешати за палац, ако све не кажеш!” – Кад сам остао сам у ћелији, са језом сам гледао у ту даску и замишљао најгоре муке, иако ми није било јасно како се то „вјеша за палац”. Не сећам се више да ли су ми тог дана или сутрадан ставили на ноге букагије са ланцима.

Иследење и живот у ћелији

Још на путу од Земуна до Сарајева стално ме је мучила мисао шта да одговорим на питање зашто нисам ништа учинио? Да кажем праву истину, било би глупо да самог себе теретим кад не морам, а да кажем да нисам хтео или да нисам смео ништа учинити, то никако. То би било у супротности са тадашњим нашим схватањем о националистичкој дужности. Сада у ћелији наставих да о томе размишљам и коначно нађох да ће бити најбоље да дам двосмислени одговор „нисам могао", што је за мене значило „нисам имао прилику", а они нека тумаче то како хоће. У иследном записнику моје „нисам могао", записано је као „нисам имао енергије", а ја сам ћутао. Тако сам ја, у ствари, само формално задовољио своју савест, а стварно је ступио у дејство нагон за самоодржањем: можда ће тако за мене бити боље! Сутрадан, 8. VII после подне, иследни судија Лео Пфефер почео је са испитивањем. Он је имао свој метод у иследењу. Да би дознао извесну ствар, он је полазио издалека, држећи се при томе тобоже немарно, као да то што пита нема неку нарочиту важност. И тако је он често заобилазним путем од других доста сазнао, што иначе директним путем тешко да би постигао. Али са мном није имао срећу. Прво, што сам ја већ 1913. године у Пјанићевом процесу издржао сличан испит и стекао у том погледу извесно искуство, и друго, што сам у Земуну дознао колико н шта знају о мени. Тога сам се држао као пијан плота и даље од тога ништа нисам хтео да признам. Зато је мој први исказ дат иследнику одмах у почетку остао стално непромењен, што је пало у очи и председнику на суђењу, јер су готово сви у току ислеђења мењали своје дате исказе. Неки записници о моме саслушању пред иследником Пфефером, неким случајем сачували су се у Државној архиви у Сарајеву, док је остали иследни материјал из нашег процеса нестао (види прилог II).

Одмах се лако уочава да језик, речник и стил у одговорима нису моји. На основу мојих одговора на питања иследног судије, записничар др Јурај Шутеј, уз Пфеферову сарадњу, писао је записник по одломцима. На крају сваког саслушања, Шутеј је прочитао цео записник уз напомену да ставим примедбу ако се са нечим не слажем. Ја нисам много водио рачуна ни о садржини записника, а камоли о језику, него сам све од реда потписивао. Све ми је то изгледало као пука формалност, јер сам био убеђен да се већ унапред зна како ћемо бити осуђени.

Овде су само два записника о ислеђењу, која је водио Пфефер о атентату, и два која је водио др Шутеј о средњошколској националистичкој организацији. Не сећам се да ли ме је Шутеј још који пут испитивао, али сигурно знам да сам неколико пута излазио пред Пфефера и одговарао на разна питања. Тих записника овде нема. Могуће је да их Пфефер није ни приложио главном спису, него их само водио у својој евиденцији. Његов метод био је да на препаде и разним подметањем покуша нешто дознати. Како са мном у томе није успевао, вероватно је те записнике склонио као безвредне. Моја ћелија била је 4 т дугачка и око 2 т широка. На зиду према дворишту био је високи прозор са гвозденим решеткама и дрвеним капцима. Кад су у току ратних операција српски и црногорски одреди били близу Сарајева, свако вече су нам те капке затварали. Вероватно су се бојали каквог споразумевања помоћу светлосне сигнализације. У једном крају ћелије биле су дрвене „причне", прост дрвени лежај, са сламарицом, ћебетом и чаршавом. Према узглављу био је сто, столица и на столу лимена чаша. На супротној страни била су врата, обложена дебелим лимом, обојеним тамноцрвеном масном бојом. На вратима, у висини човечије главе, био је округли отвор са стаклом, заштићен жичаном мрежом. Споља, из ходника, на отвору је помичан затварач. Војник-стражар у ходнику, с времена на време, померио би затварач у страну да контролише шта ради затвореник. Поред врата, у мањем затвореном простору, у зиду била је „кибла" (канта) за вршење нужде. Са таванице, горе високо висио је жичани кавез. У њега је увече лампар стављао запаљену лампу, а ујутру је односио. Још је била и канта за воду.

Преко дана, све док увече не прође „визита „.. није се смело лежати на кревету. А визита се састојала у овоме. Кључар отвори широм врата и каже: „Визита”! – Затвореник тада стане код врата у ставу мирно и изговара: „Melde gehorsamst, ein Mann“ (покорно јављам, један човек. Ако је у соби више људи, онда каже колико их је). Испред врата поред кључара стоје „profos“ (надзорник затвора), заповедник страже и два војника с ножевима на пушкама. Заповедник страже обично би мало заокружио очима по ћелији, климнуо главом и тиме би визита била завршена, односно, заповедник страже примио би одговорност за затворенике преко те ноћи.

Прве ноћи једва сам чекао да легнем, пошто сам прошлу ноћ провео у возу и нисам спавао. Иако сам био јако уморан, сваки час сам се будио, гризле су ме стенице. Кад сам ујутро почео претраживати дрвене „пришне”, имао сам шта и видети: одоздо у свим угловима били су густи скупови стеница, заступљених у свим генерацијама, од оних најситнијих до крупних као зрно ситнијег граха. Следећих дана сам се стално са њима борио. Све их нисам могао потаманити, јер су бежале у пукотине или су се успузале по зиду високо до таванице. С временом сам се на њих навикао и нису ми много сметале при спавању.

Испрва, кад сам шетао по ћелији, ланац се вукао по патосу и стварао велику буку и сметао ми при корачању. Стога сам шетњу готово сасвим изоставио. После сам свитњаком (учкуром) везао средину ланца и подигао између ногу. Тако је ланац при ходу правио много мањи звекет. – Једног дана кључар ми убаци у ћелију кошуљу и гаће и рече да се пресвучем. За кошуљу, у реду, али како ћу пресвући гаће кад су ми ланци на ногама? То је кључар сигурно заборавио, помислих. Кад је дошао по прљаво рубље, ја му то рекох. – „А, може, може, само се потруди", насмеја се он и опет ми остави гаће. Сад се ја зачудих и почех размишљати на који начин се то може урадити, али никако није ишло. Дошао сам до уверења да кључар тера са мном шалу. Но кад ми он и трећи пут озбиљно рече да их могу пресвући као и остали који имају ланце на ногама, мени би криво како да не могу да учиним и сав се заложих да то некако решим. Дуго сам се мучио, док најзад не успех. Најтеже је наћи почетак: скине се прво једна ногавица кроз букагију, а после иде лако. Сумњам да бих данас могао поновити ту вештину. У приземљу и на два спрата војног затвора било је по шест ћелија (самица). У њима су били затворени сви окривљени за атентат. У прво време, док је ислеђење било у пуном току, чешће су нас премештали из једне ћелије у другу да се не бисмо на неки начин споразумевали. Из ћелије нисмо нигде излазили сем у собу иследног судије, која је била на првом спрату у дну ходника. Иначе, то је била затворска амбуланта. За кратко време ја сам свакога од наших на првом спрату познавао по звекету његових ланаца, а по звеку браве, кад кључар отвара ћелију, знао сам коју ћелију отвара. У ћелији чуло слуха је најважније и јако се изоштри. По звуку порције (ћасе), који се чује кад испред врата разносачи хране оставе порцију на бетон, доста успешно сам погађао да ли је у порцији чорбаста или гушћа храна, да ли је напуњена допола или више. По ходу сам познавао цело особље које је са нама имало посла, од лампара до иследног судије, а и лекара који је редовно долазио ради прегледа болесника.

Овако усамљен у ћелији, сетих се оног места из Крапоткинових Мемоара, у којем се описује како је у сибирском затвору један револуционар помоћу куцања у зид испричао читаве догађаје из француске револуције. Да покушамо и ми, помислих. На унутрашњој страни поклопца канте за воду написах абецеду, а под сваким словом његов редни број и на крају реч: „Куцај!” – Тако сам писао на свакој канти у којој смо ујутро добивали свежу воду и на свакој порцији у којима смо трипут дневно добивали храну (доручак, ручак, вечера). И воду и храну доносили су нам затворени наши другови Садија Никшић, Боривоје Јевтић и др. Они су намерно настојали да порцију једног од нас увек дају другоме. Приметили су да ми по њима пишемо. После десетак дана успели смо да се споразумемо. За свако слово куцали смо одговарајући број удараца: *а* – један, б – два итд. У почетку било је неспоразума. Ми из Сарајева куцали смо абецедом, а они из Београда азбуком, док нисмо сви прешли на азбуку. Док је дошло до тог изједначавања прошло је око месец дана. Мењање ћелија отежавало нам је хватање међусобне везе.

Једног јутра, кад ми је враћена „кибла”, нађох у њој комадић хартије са обавештењем да је напољу европски рат и да „наши напредују”. Ову вест одмах почнем достављати и осталима исписивањем на кантама и ћасама. Лако је замислити како нам је било кад смо сазнали да је Европа у пламену. Осетили смо да се решава судбина наших идеала. Постадосмо горди, дрски, смели. Недељко Чабриновић се готово сваког дана свађао са стражарима. Кад му је једном приликом неко опсовао краља Петра, он му је вратио истом мером: опсовао му је цара Фрању! – До тада смо бојажљиво писали по ћасама само реч-две: Здраво! Како је? Држи се! и сл. Сада почесмо исписивати читаве реченице, а Чабриновић је спевао неколико кратких песама. Како сам у то време био у првој ћелији, а до ње су дугачким ходником шетали многобројни интернирци и таоци ја сам од њих дознавао вести било да ми неко шапне на онај отвор на вратима, кад ухвати прилику да стражар не гледа, бнло да их чујем из њихових намерно гласних разговора кад се у шетњи приближе мојој ћелији. Тако сам сваког дана добијао по неку вест. То ми даде идеју да покренем „новине" у којима ћу редовно саопштавати вести са „ратишта" и „домаће", тј. из самог затвора.

Своје „новине" писао сам ексером на ћаси, а како су се ћасе трипут дневно мењале, то су била и три издања: јутарње, подневно и вечерње. На ћаси сам ексером урезао правоугаоник, као формат новина. У заглављу сам крупно наштампао име: „Ћаса", испод тога: „Лист осветника". Са стране сам написао број и датум. „Ћаса" је имала сталне рубрике за ратне и домаће вести. Суботом је излазио шаљиви прилог од „Мите Крадића", псеудоним нашег познатог књижевника и хумористе Јована

Протића, који је тако потписивао своје шаљиве прилоге у новосадском „Врачу Погађачу”. Кад је било много вести, онда су оне најважније излазиле у „Ванредном издању”. – „Ћаса” је престала излазити са 78. бројем, чини ми се у време кад је почела судска расправа.

Одмах после објављивања „Ћасе”, покрену Недељко Чабриновић своје новине „Окови” – Лист југословенских иредентиста. Већ у првом броју сатирички се осврнуо на поднаслов „Ћасе” – „Лист осветника” са питањима: Ко? Када? Где? – „одговор ће се добити”, каже Недељко, „ако се пред ове речи стави ,ни': Нико. Никада. Нигде. Тако „Ћаса” и „Окови” одмах дођоше у сукоб. – Недељко је своје новине писао штампаним словима, што је много практичније од писаних, па сам и ја своју „Ћасу” почео „штампати”. „Ћаса” и „Окови” прегонили су се и око тачности вести: свака је страна тврдила да су њене вести тачне и да за тачност јамчи „посебан дописник на ратишту”. На ове свађе одговарао је Иво Крањчевић у своме листу „Бомба”, који није излазио редовно него „за плиме и осеке Ћасиних извештаја”, како је стајало испод наслова „Бомбе”.

Повремено јавио би се и Принцип. Он би изнад своје вести једноставно ставио као заглавље: „Сврдлић”. Тако исто је радио и сељак Нећо Керовић. Кад би имао шта да саопшти, стављао би у „Добош”. – Наша „штампа” није се бојала ни цензуре ни војног суда. Наше су новине доносиле такве „чланке” да ни најреволуционарнији листови пре рата нису тако писали. У јеку светског рата, у ћелијама Принципових другова писало се најсмелије против Аустро-Угарске. Треба напоменути да су наше новине залутале понекад и у заједничке собе осталих затвореника који су их са највећим задовољством читали. То се дешавало ређе, јер другови који су нам разносили храну (Садија Никшић и др.) гледали су да наше ћасе измењују само између нас окривљених за атентат.

Куцање нам је одузимало много времена. Зато сам почео да размишљам о скраћивању азбуке. Ако би се изоставили гласови који за наше споразумевање у оваквим приликама нису били баш неопходни као: ђ, ж, љ, њ, ћ, ф, х, ч, џ, ш, знатно би се скратило време куцања. Баш кад сам се спремао да то предложим, добијем ћасу са уцртаним правоугаоником, подељеним у шест водоравних и пет усправних редова и тако се добило 30 мањих квадрата. у сваком је било по једно слово азбучним редом. Пошто су слова била штампана ћирилицом и азбуком, мислио сам да ово потиче од Чабриновића. Међутим, ствар је потекла од Иве Крањчевића (види његове „Успомене", стр. 84). Упутство је гласило: „Куцај прво редни број водоравног реда, а затим редни број слова у том реду". Чим сам ово видео сетих се шифре за сигнализацију заставицама, којом смо се служили у нашој чети према књизи „Савезник-Четник" и би ми криво како се тога нисам сетио.

Куцањем на овај начин добили смо врло много у времену. На пример, на питање: шта има ново? Раније смо морали откуцати: 30+22+1 (шта), 10+15 +

1 (има), 16+18 + 3 + + 18 (ново) – 134 ударца, а по новом начину; 6 + 5 (ш), 5+2 (т), 1 + 1 (а), – шта, 2+5 (и), 3+5 (м), 1 + 1 (а) – има, 4+1 (н), 4 + 3 (о), 1+3 (в), 4 + 3 (о) – ново, свега 60 удараца. Када су се сви упознали са новом шифром, куцање је ишло врло брзо. Време куцања скраћивали смо и на други начин. Ако сам према првом делу откуцане речи или реченице схватио која је реч, односно реченица у питању, одмах сам то са два-три узастопна брза ударца дао саговорнику на знање и он би одмах прешао на куцање следеће речи (реченице). Тако нам је куцање постало управо телеграфско.

Карактеристично је да смо најмање куцали о нашим саслушавањима. За нас као да је наш положај био јасан: хтели смо, постигли смо, и казну очекујемо као природну последицу. Дело не желимо да поричемо, а сваки је управо инстинктивно говорио само оно што мора, чувајући се да друге не терети. И ту је излишно свако договарање, бар тако смо тада осећали и мислили.

При једном премештању, која су била све ређа, мени западе последња ћелија на нашем спрату. Куцањем сам одмах дознао да је у ћелији до мене Иво Крањчевић, испод мене у приземљу био је Марко Перин, а изнад мене, на другом спрату, Лазар Ђукић. Ова моја нова ћелија, као и све друге, имала је близу врата, високо на зиду суседне ћелије, мало прозорче са решетком. Мислио сам да је то вентилација и нисам томе поклањао никакву пажњу. Међутим, чим сам се сместио у новој ћелији, после кратког времена зачух неко куцкање из оног отвора.

Ослушнух на врата да дознам где је стражар и брзо се попех на столицу да видим шта је. На моје велико изненађење на супротној страни био је исти такав отвор са решетком, а иза њега назирао сам Ивино лице. Измењасмо шапатом две-три речи, колико да се упознамо са овом везом, и одмах се уклонисмо да нас стражар не примети. Сад сам увидео да ови отвори нису вентилације, већ кроз њих улази у ћелије загрејани ваздух, кад се зими ложи пећ споља из ходника.

Пошто је Перин био теже оболео, па му није било ни до чега, куцао сам са Лазом и ређе са Ивом, јер смо користили сваку прилику да разговарамо кроз прозорче. Лазо и ја почињали смо редовно раном зором. Ко се пре пробуди, зове другог и прича шта је сањао. Преко дана играли смо мице. Три квадрата обележили смо редним бројевима I, II, III. Сваки квадрат имао је редом обележених осам својих места 1–8. Прво откуцамо редни број квадрата, а затим редни број места на њему, одакле помичемо зрно и тако исто за место на које помичемо зрно. Да је Лазо знао играти шах, играли бисмо и шах.

Једног дана упитах Перина има ли шта ново код њих у приземљу. Он ми одговори: „Ноћас се обесио Лазо!"

„Па ја сам с њиме јутрос разговарао", одговорих му.

„То није био Лазо. Њега су већ однели у мртвачницу"

Не верујући да је вест тачна, одмах позвах Лазу његовим знаком, али нико се не јави. Значи, Лазе више нема у његовој ћелији, па или је премештен у другу, или се стварно обесио. Седнем за сто и почнем да штампам ванредно издање „Ћасе”. Уто ме неко куцањем позва. „Ко је?” упитах. – „Лазо”. – „Који Лазо?” – „Ђукић”. – „А где си малопре био?”

„Нигде. Овде где и сада. Место Перина, ја сам ти куцао да сам се обесио!” – Исто ме тако преварио за Данила Илића. Тобоже, кључар му је саопштио да се Илић обесио. Пошто то нисам могао проверити, одмах издам ванредно издање „Ћасе”, а Чабриновић се поведе за мном, па у својим „Оковима” написа читаво посмртно слово. Сви се ми већ опростисмо с нашим Данилом, кад Принцип у свом „Сврдлићу” донесе „Вест са онога света” ове садржине:: „Данила Илића ннје хтео Арон да превезе преко реке Стикса, јер има и сувише посла и муке са грешним Фердинандом. Илић је жив и све нас поздравља.”

Једног дана добих ћасу на којој је Гавро питао Недељка Чабриновића: Шта је са Вуком? – Питање се односило на Недељкову сестру Вукосаву, ученицу учитељске школе. Да се мало нашалим, алудирајући на љубав, испод Гавриног питања напишем: „Аха, Гавро! Шта је ово са Вуком?” – После два-три дана добијем исту ћасу и Гаврин одговор, написан стенографијом. Пише, да му је Вука само добра пријатељица, а он воли Јелену Јездимировић, па како ћу ја бити мање кажњен, вероватно ћу издржати казну. Зато ми оставља у аманет, кад будем слободан и видим Јелену, да јој изручим поздрав од њега. Ово ме је необично изненадило. Знао сам за трогодишњу љубав између Јелене и Боривоја Ћасића. Кад је он добио службу у Козарцу, једно време његова писма за Јелену ишла су преко мене. Бојали су се цензуре Јелениног директора, а и радозналости Јелениних другарица, па нису хтели да писма долазе ни на школу ни на Јеленин стан. Писма за Јелену носила су испод моје адресе шифру: „7. XII”. Њих двоје чекали су да и Јелена заврши учитељску школу 1914. г., па да се венчају. Зато је Гаврино саопштење било за мене велико изненађење. Хтео сам да дознам да ли је Јелена знала за његову љубав и да ли су се састајали или дописивали, па сам о томе питао Гавру. Кад сам после неколико дана поново добио ту ћасу, све је било избрисано. Нећо Керовић се побунио против „аристократског писма” (стенографије) и каже да ће све брисати, што не може и он прочитати. Тако сам остао без одговора. – Кад сам се после ослобођења из затвора нашао 1919. г. са Јеленом у Дервенти, рекао сам јој Гаврину изјаву и испоручио његов поздрав. Нисам на њој приметио ни знаке изненађења ни узбуђења. Вероватно је била у неприлици што сам знао за њену љубав са Боривојем. Због тога је тада нисам даље ништа ни питао.

Када је иследење углавном било завршено, престала су премештања из ћелије у ћелију. Ја сам се затекао опет у својој првој ћелији, где сам остао све до расправе. Почели смо добивати и књигс на читање. Била су то издања Друштва хрватских књижевника и Матице хрватске. Појединих дела више се не сећам, само сам запамтио да сам се забављао и тиме што сам у Валиној „Историји француске револуције” избројао колико је пута започео реченицу са „у истину” и „заиста”.

До мене је једно кратко време био Боривоје Је-втић, а онда је дошао Митар Керовић, неписмен сељак. С њим смо имали муке. На наше куцање, он би одговарао безвезним куцањем, само нек се куца. – Испод моје ћелије у приземљу био је Ми-шко Јовановић, до њега Васо Чубриловић. Изнад мене на другом спрату био је Васин брат Вељко, учитељ. Да бих за ову групу направио ред у куца-њу споразумели смо се да сваки од нас има свој број. Кад хоћу да разговарам са Васом, откуцам његов број и то је знак за све остале да се не јавља-ју и не ометају наш разговор. Сваки је од нас могао куцањем питати кога је хтео, чак и оног најудаље-нијег, с којим иначе није могао непосредно разго-варати. Питање се преносило од ћелије до ћелије и истим путем добијао се одговор. Да бих дознао ко-лико ће времена проћи док једна вест обиђе све ће-лије, једном, око два сата после подне јавим Вељку Чубриловићу на другом спрату измишљену вест како Срби напредују према Араду, уз напомену: јав-љај даље. Вест је са другог спрата отишла преко Чубриловића у приземље и стигла до Васе. Око че-тири сата после подне, Васо ми весело јавља „си-гурну вест” да су „Срби ушли у Арад!” – Тако смо ми у иследном затвору живели доста задовољно. Нашим телефоном без жица били смо и кроз зидо-ве спојени и нисмо осећали самоћу. А то нас је хра-брило и дизало, и истовремено нам омогућило да много лакше подносимо затвор и мирније очекујемо осуду. Убрзо после атентата поведена је истрага и против средњошколаца, чланова тајне организације „Југословенска националистичка омладина". У том ислеђењу мене је испитивао др Јуре Шутеј, у истој окој канцеларији где смо били испитивани за атентат. Једног дана врата од канцеларије била су због велике спарине отворена. Ходником су се шетали затворени Срби. Баш кад ме је Шутеј испитивао од кога сам добио велики плакат, издат поводом годишњице смрти Зринског и Франкопана, ходником се шетао адвокат др Богдан Видовић. Кад је наишао на отворена врата, погледа у канцеларију, а Шутеј му довикну: „Види, чиме се занимала наша омладина!" – Видовић само слегну раменима и продужи да шета. Ни онда, а ни данас не знам шта је др Шутеј као Хрват хтео да каже. Можда је само хтео да провоцира Богдана Видовића.

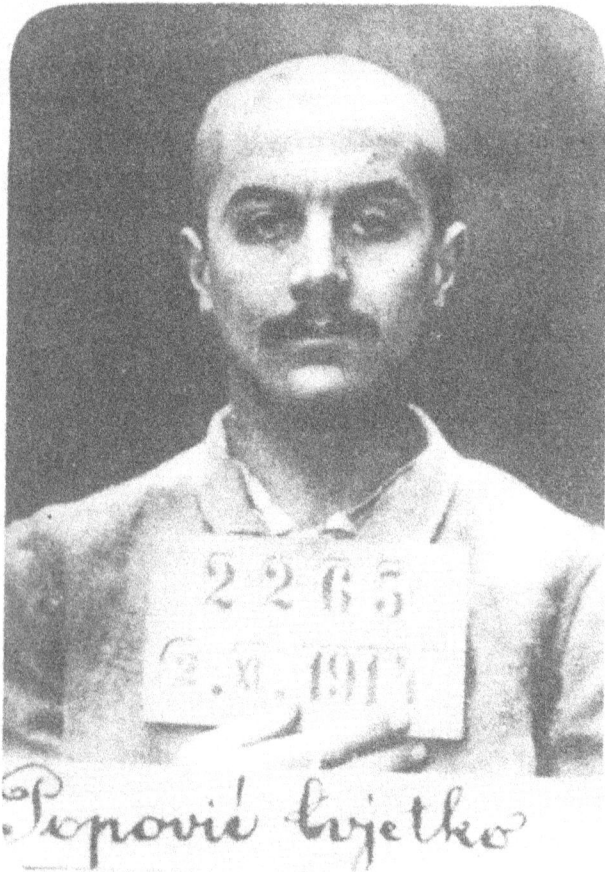

Цветко Поповић после хапшења

Саопштење оптужнице и судска расправа

Негде око средине септембра наста по ходницима звекет ланаца са свих страна. Кључари отворише све ћелије и одведоше нас у собу где смо раније долазили на ислеђење. Било нам је јасно да ће нам сада прочитати оптужницу. Иследни судија Лео Пфефер и његов деловођа др Шутеј, свечано обучени, држали су се врло озбиљно. Нама, напротив, није нимало било до озбиљности. Два и по месеца неошишани и необријани, у згужваним оделима, личили смо на неке шумске људе, на праве разбојнике. Изгледали смо тако смешно да смо се непрестано смејали чим би један другог погледали. Било је међу нама и оних које смо први пут у животу видели. Чабриновић је, на пример, шапатом питао за мене: „Ко је уредник, Ћасе'?".

Док је иследни судија читао оптужницу, коју је државни тужилац започео чисто песнички: „Осва-нуо је по природи красан дан 28. јуна, који је био одређен за радост и весеље..." па после развезао надугачко и нашироко, нико од нас није слушао.

Искоришћавали смо моменат да један другом добацимо коју реч, шалили се и смејали. Судија, револтиран оваквим понашањем, пребаци нам како се понашамо као деца, а реч је о нашој судбини. – „Па, разумејте нас, господине", одговори Принцип. „Ми се сад први пут видимо после толико времена. То што ви читате, нама је познато, а знамо и шта нас чека." После читања оптужнице, судија нам саопшти како по закону имамо право да „ставимо уток" (жалбу) на оптужницу, али је одмах додао да то у овом случају не би имало смисла, јер ће свака жалба бити у најкраћем року одбијена. – „Ја улажем уток", јави се Недељко Чабриновић. „Напољу је рат и нико не зна шта ће бити сутра." Наиме, ми смо већ неколико дана очекивали да чујемо топове са фронта, јер смо чули да се Црногорци приближују Илици, а српске комите да су дошле на Пале. Судија Пфефер је схватио шта мисли Чабриновић и отворено рече: „Ти се ваљда надаш неком ослобођењу? И кад би дошло до тога, пре ће и четрнаест Чабриновића бити обешено, него што ћете се ви ослободити" (свакако је мислио на нас четрнаест главних оптужених!). – „У том случају још горе по оне који ће нас повешати", одговори Чабриновић. Ипак, на наваљивање осталих, одуста и он од своје жалбе. Сви смо хтели да дан расправе дође што пре, да знамо на чему смо. Кад смо затим добили по један примерак оптужнице, читали смо је натенане. Наравно, да смо се у нашим новинама освртали на поједина места и на рачун државног тужиоца правили разне примедбе. Иво у својим

„Успоменама” наводи да су нам те оптужнице оду-
зете и да смо добили друге („Успомене”, стр. 92).
Ја се тога више не сећам.

Први дан расправе одређен је за 12. октобар.
Дан пре тога, сви смо били ошишани и обријани.
Скинули су нам и ланце с ногу. Без њих било ми је
у први мах врло необично. Нема више оне лупе и
звеке при сваком покрету на шта се уво већ нави-
кло. Сад, без ланаца, нисам умео ни да ходам. За
три и по месеца ношења окова, навикао сам да при
ходу употребљавам снагу, с обзиром на тежину ла-
наца и букагија. Услед стечене навике, наставио сам
да ходам са истим напрезањем, што је имало за по-
следицу несразмерно дизање ногу од патоса. Ко-
раци су били врло неспретни и смешни. Сутрадан,
12. октобра, одведоше нас све свезане два по два.
Између нас, средином се протезао дугачак ланац
спајајући све парове. Пратила нас је јака стража са
обе стране. Сала за суђење била је повећа соба на
првом спрату Једне зграде војног логора, удаљене
око десет минута хода од нашег затвора. У судници
смо саслушали оптужницу, па нас опет вратише у
ћелије. Остао је само Недељко Чабриновић. После
његовог саслушања, на суђење су долазили редом
Принцип, Грабеж, Илић и Васо Чубриловић. Како
је који пред судом саслушан, остајао је у судници
и присуствовао даљем току суђења и саслушавању
следећих оптуженика. Тако су нас за све време су-
ђења, пре и после подне, одводили у судницу и вра-
ћали у ћелије. На том путу увек је било мобилисаних
војника који су нас радознало гледали, а многи су

нас псовали и претили нам. Једном кад смо се враћали, испред самог улаза у наш затвор, један од тих војника залете се да удари Принципа, који је ишао испред мене. У том тренутку, војник из страже, која нас је пратила, удари тога црно-жутог јунака снажно кундаком позади, рекавши: „Шта нападаш везана човјека!" Изненадио ме је овај поступак нашег простог војника, утолико више што сам га познавао из виђења. Био је то кочијаш, риђокоси муслиман, којег сам често виђао на његовом фијакеру код Катедрале, где чека муштерије. У овом тренутку из њега је проговорило наше народно схватање витештва.

После саслушавања Васе, дође ред и на мене. После општих питања о месту рођења, вери, занимању итд. председник Куриналди упита ме о мојим политичким погледима. Одговорио сам да сам присталица јединства Срба, Хрвата и Словенаца, да сам Југословен. За атентат сам изјавио да нама није било толико стало до саме личности престолонаследникове, што, наравно, није било тачно, колико да атентатом осветимо сва насиља над нашим народом. На питање која су то насиља, навео сам систематско прогањање Срба у Босни и Херцеговини, укидање црквене аутономије у Војводини, завођење комесаријата у Хрватској и насилно германизирање Словенаца у Словенији. За атентат се не кајем, а нисам ништа учинио, јер нисам могао. То моје „нисам могао" у записнику у иследном саслушању забележено је да „нисам имао за то енергије", а у стенографским белешкама са суђења да „нисам имао храбрости". Посве је искључено да сам на суду, а нарочито још у присуству својих другова, рекао да „нисам имао храбрости". То би значило да сам био кукавица, јер кад сам већ био пристао на атентат, онда таква изјава значи кукавичлук и срамоту. А у оно време бити кукавица у националним стварима значило је међу нама највећу срамоту, и ја никада не бих на то пристао. – Иначе, на суђењу држали смо се углавном сви добро. Сељаци и Принцип били су одлични. Од осталих, ми млађи били смо у својим исказима нешто смелији од оних старијих. Мање-више сви смо се прећутно држали правила да без велике потребе не теретимо ни себе ни друге. Једино је Принцип своју мржњу према Аустрији изражавао врло оштро и није крио своје слагање са сваким радом који је ишао на штету Аустрије. Често је теретио себе, нарочито кад су били у питању сељаци, и за оно што није учинио, само да другима олакша кривицу.

Кад је завршено испитивање свих оптужених, прешло се на читање разног оптулшог материјала: разни чланци, извештаји о раду против Аустро-Угарске, брошуре националистичког садржаја и револуционарне тенденције. То читање зачас нас је преносило у нашу бурну блиску прошлост и оживљавало наше идеале. Свима би очи севнуле од радости, а лица би се одједном разведрила. С времена на време, председник би нас позивао и питао да ли се слажемо са прочитаним. Већ према томе шта смо раније признали или не, ми смо одговарали да се слажемо или не слажемо. Кад су се читали поједини одломци из књижице „Народна одбрана" и брошура „Хрватска у борби за слободу”, у којима се говори о потреби оружане борбе против Аустро-Угарске, на председниково питање да ли то одговара нашем мишљењу, Принцип је одговорио: „Не само да се слажем него, кад бих могао, ја бих целу Аустрију уништио!” – После је председник у сличним ситуацијама при питањима о нашем мишљењу увек Принципа прескакао са напоменом: „Како ти мислиш, то нам је већ познато”. Али кад су се читали одломци из брошуре „Смрт једног хероја”, на председниково питање: „Има ли ко шта да примети?” Принцип је узвикнуо: „Слава Жерајићу!” На то је председник одмах прекинуо расправу и судски колегијум се повукао на већање. Суд је Принципу доделио опомену, а ако и даље настави да омета расправу, биће удаљен са суђења.

На расправи је доста времена посвећено Принциповом датуму рођења. Државни тужилац је тврдоглаво уверавао суд да зна боље кад се Гавро родио него његова мајка која га је родила, и поп који га је крстио. За доказ свога тврђења, он је наводио како је Гаврина мајка неписмена сељанка те према томе, не може ни знати тачно датум кад је дете родила. Међутим, та неписмена жена, истина, није знала рећи датум Гавриног рођења, али је знала тачно дан када га је родила, као што то знају све наше неписмене жене са села за своју децу. Родила га је на дан Архангела Гаврила и зато му је кум по савету попа дао име Гаврило. Дан Архангела Гаврила је непокретан празник и пада сваке године на дан 13. јула по старом календару, што за 1894.

годину значи 25. јула по новом календару. Тако је Га-
вро за непун месец (27 дана) умакао смртној пресуди,
пошто на дан извршеиог атентата није имао двадесет
година. – Што се тиче попа, који је Гавру крстио, др-
жавни тужилац је рекао да се сада најбоље види ко-
лико су православни попови поуздани и колико им
се може веровати, кад су их због њиховог велеиздај-
ничког рада морали готово све похапсити, а многе и
стрељати. Према овој аргументацији испало је да је
поп још на Гаврином крштењу знао да ће он после
двадесет година извршити атентат на аустроугарског
престолонаследника и зато му је у књигу рођених за-
вео нетачан датум само да испадне млађи. Овако му-
дро резоновање није могао прихватити ни наш
црно-жути судски колегијум, те је коначно утврђено
и суд прихватио да Гавро на дан атентата није имао
двадесет година.

Најзад дође ред и на браниоце. Сви су одређени
да бране по службеној дужности. Знам да су неки хте-
ли да их бране приватни адвокати. Зашто до тога није
дошло, није ми познато. Браниоци су своју дужност
решили врло једноставно. Сваки је бранио своје кли-
јенте (сваки је имао по четири оптужена, а др Пери-
шић пет) окривљујући остале оптужене да су их
завели. Др Константин Прсмужић, бранилац Недељ-
ка Чабриновића, отишао је најдаље. Он је ову при-
лику искористио да сав свој франковачки гнев излије
на наше националне идеале. После његова говора ус-
тао је Чабриновић и рекао да би за њега било боље да
његов „бранилац” уопште није говорио, јер сумња да
ће га и државни тужилац горе оптужити. Частан и

светао изузетак била је одбрана др Рудолфа Цист-
лера, социјалисте по политичком убеђењу. Он је бра-
нио Вељка и Васу Чубриловића, Иву Крањчевића и
Неђу Керовића. Одбрану је почео излагањем развоја
националне идеје од велике француске револуције.
Председник га је опоменуо да се држи предмета ра-
справе, иначе ће му одузети реч. Онда је др Цистлер,
позивајући се на познатог аустријског правника др
Фингера, почео доказивати да Босна и Херцеговина
у правном смислу не припадају Аустро-Угарској и
зато покушај да се те земље одвоје од Монархије пра-
вно се не може квалификовати као велеиздаја, чак да
такав покушај уопште није кажњив. Ово тврђење је
изазвало право запрепашћење међу судијама и у при-
сутној публици. Председник је сместа прекинуо су-
ђење, и судски колегијум отишао на већање. Кад су
се вратили, председник је саопштио одлуку: др Цист-
лер се кажњава због свог говора укором, а ако и да-
ље тако продужи, одузеће му реч.

Мој бранитељ др Срећко Перишић свео је сво-
ју одбрану углавном на доказивање да нисам по-
кварен, али да сам подлегао политичкој клими и
утицају средине у којој сам се кретао. Назвао ме
„сухом граиом наше омладине”, која је почела да
се суши на здравом стаблу нашег народа. – Кад ми
је после говора за време паузе пришао и упитао ка-
ко ми се свиђа његова одбрана, одговорио сам да
ћу протестовати против оне његове фразе о сувој
грани. Он ме је молио да то никако не чиним, јер је
његов говор оставио врло повољан утисак на су-
дије, па ћу ја својим протестом све покварити.

На крају расправе, Чабриновић је дао као неку врсту изјаве, наиме да суд има у виду да ми нисмо прости злочинци и да жалимо што су престолонаследникова деца остала без родитеља. На то је одмах устао Принцип изјавивши да Чабриновић може говорити само у своје име. Он се не слаже са његовом изјавом.

Саопштење пресуде било је заказано за 29. октобар, али нам је саопштена дан раније, тј. 28. октобра 1914. г. На смрт вешањем осуђени су: Данило Илић, Вељко Чубриловић, Михаило Мишко Јовановић, Јаков Миловић и Неђо Керовић. На доживотну робију: Митар Керовић. Гаврило Принцип на 20 година тешке тамнице, поошрене сваке године на дан 28. јуна тврдим лежајем и самицом у мраку.

Недељко Чабриновић на 20 година тешке тамнице, поошрене сваке године на дан 28. јуна тврдим лежајем и самицом у мраку.

Трифко Грабеж на 20 година тешке тамнице, поошрене једним постом сваког трећег месеца, тврдим лежајем на дан 28. јуна и самицом у мраку. Васо Чубриловић на 16 година тешке тамнице, поошрене једним постом свако пола године, тврдим лежајем на дан 28. јуна и самицом у мраку. Цвјетко Поповић на 13 година тешке тамнице, поошрене сваке године 28. јуна тврдим лежајем и самицом у мраку.

Лазар Ђукић на 10 година тешке тамнице, поошрене сваке године тврдим лежајем и самицом у мраку. Иво Крањчевић на 10 година тешке тамнице, поошрене сваке године 28. јуна тврдим лежајем.

Цвијан Стјепановић на 7 година тешке тамнице, пооштрене једним постом сваког трећег месеца и сваког 28. јуна тврдим лежајем и самицом у мраку. Бранко Загорац и Марко Перин на по 3 године тамнице. Касније је Јаков Миловић помилован на доживотну робију, а Нећо Керовић на 20 година тешке тамнице.

Вешање осуђених на смрт Вељка Чубриловића, Мишка Јовановића и Данила Илића, извршено је 3. фебруара 1915. г. пре подне.

После изречене пресуде оставише нас још два дана у ћелијама, а онда 30. октобра Васу, Иву и мене преместише из ћелија у заједничку собу. У њој је било још неких затвореника. За остале наше другове чули смо да су неки опет у ћелијама, а неки у заједничким собама. Нас тројица смо целу ноћ провели у разговору, као да смо слутили да ћемо се већ сутрадан растати. А после четири месеца раздвојеног и усамљеног живота имали смо много шта један другоме да кажемо. Сутрадан, 31. октобра, мене и Васу, пошто се нисмо жалили на пресуду, одведоше жандарми у Зеницу, у главни казнени затвор за Босну и Херцеговину. Остали остадоше да чекају на решење уложених жалби или поднесених молби за помиловање.

У зеничкој казниони

У зеничкој казниони сместише нас у ћелије „стаклене куће". То је зграда посебно грађена. Срединоm је дугачак и широк простор (ходник), а уздужним странама рећају се ћелије, у приземљу и на спрату. Има их укупно 64. Ова два зидана крила зграде спаја стаклени кров, а и једна ужа страна је све до испод крова у стакленим окнима, због чега је цела зграда названа „стаклена кућа". У средини пространог ходника су спиралне гвоздене степенице којима се служе стражарн кад се пењу на спрат или се спуштају у приземље. Још са њих контролишу понашање кажњеника кад иду по воду и кад се умивају. Друга, ужа страна, насупрот оној застакљеној, нормално је изграђена. У њој је улаз у зграду, соба за дежурне стражаре и магацини. Зграда је врло акустична. И најмања лупа у ћелији одјекне и стражар одмах дотрчи да види шта је. По казнионичком кућном реду, сваки кажљеник кад дође у казниону обавезно мора провести три месеца у „стакленој кући", а ако се добро не понаша, онда и више. Из стаклене куће, кажњеник прелази у

,,главну кућу". Кад новајлија дође у стаклену кућу одмах га ошишају до главе, окупа се и пресвуче у кажњеничко одело. Сваки добије број који му стоји на вратима ћелије, уместо имена. После долази казнионички фотограф и снима кажњеника с лица и са стране, са добивеним бројем на прсима.

Ја сам дошао у ћелију број 48. У њој је био стан за ткање, гвоздени кревет на расклапање, сто и столица. Испод прозора са гвозденим решеткама, у малом удубљењу у зиду стајала је лимена кутија са крпом натопљеном у петролеју. Овом крпом су се суботом чистили сви гвоздени предмети у ћелији. У остали намештај ћелије спадала је лимена чаша, канта за воду, лимени лавор за умивање, парче сапуна, пешкир, метла и ,,кибла". На зиду је висила лампа и ,,Кућни ред" са свим прописима којих се кажњеник мора иридржавати. Слободног простора у ћелији било је врло мало, У њој се није могло шетати.

И овде је на вратима био округли отвор са поклопцем за стражарево око. На вратима споља, уместо имена висио је мој кажњенички број 2265. Ујугро у шест сати, на знак звона, имао се кревет наместити и склопити, ћелија почистити, прозор отворити и обрисати прашина. Затим долази кључар и отвара врата, а кажњеници у реду један за другим носе кибле да их у нужнику исперу. Онда доносимо у кантама свежу воду. За све време стражари будно мотре да све иде у реду, а нарочито пазе да нико ни са ким ни реч не проговори, што се према прописима кажњавало. Кад донесемо воду, спремимо лавор за умивање и поред њега ставимо на столац чашу с водом и обавезно се скинемо до паса. На знак пиштаљке износимо столицу с лавором испред ћелије и одмах се почнемо умивати. Док се умивамо, један од стражара иде са боцом раствора хипермангана и свакоме улије мало у чашу. После умивања овим смо морали изгргљати грло и промућкати уста. Све наведене радње треба да се обаве за одређено време и на знак пиштаљке морамо ући у ћелију, без обзира да ли смо са умивањем готови или не. Затим нам доносе доручак (запржена супа). У осам сати, на знак пиштаљке, почиње рад који је био обавезан.

Прву ноћ ме у неко доба пробуди вика. Неко је из свега гласа викао, али речи нисам никако могао разабрати. Чуо сам само отегнуте самогласнике: ее-е-ааа-ооо- ааај! Кад се овај глас утишао, мало подаље започело је исто викање, после њега, само још даље опет се исто зачуло. Схватио сам одмах да се то довикују ноћни стражари, јер се викање понављало сваког сата. Казниона је са свима својим зградама опасана високим зидом. Ноћу, изнутра поред зида, на одређеним растојањима, стражари чувају стражу. Морали су се јављати сваког сата и тиме доказати да су будни и на свом месту. Из почетка ме ова вика будила и онда сам сву пажњу скренуо на то да ухватим речи које изговарају. После дужег времена, најзад сам ухватио шта вичу. Јавка гласи: Wer da Patrol vorbei! (Ко је, ко иде поред страже). Кад нисам могао спавати, забављао сам се нагађањем да по начину јављања одредим темперамент и интелигенцију стражара.

Колерици и слабије интелигентни дерали су се из петних жила и ниједна се реч није могла разумети. Интелигентнији колерици су такође викали, али су се речи могле разумети. Најзанимљивији су били флегматици. Они уопште нису викали, нити су отезали самогласнике. Једноставно би нешто гласније изговорили јавку. С временом сам се на ово викање навикао и није ме будило.

Мој мајстор-стражар Кујунџић упознао ме са деловима стана и како се са станом рукује. Стан је био „машински', чунак се није пребацивао кроз зев руком, него помоћу нарочите направе трзањем узице која је висила испред нита. Према пропису, као почетник, имао сам месец дана за вежбање у ткању. После месец дана морам дневно откатн најмање један метар платна, а на крају, чини ми се, другог месеца обавезно је три метра дневно. Сматрао сам да ћу те „норме" лако савладати. Преварио сам се. Иако сам у почетку прионуо на рад са највећим задовољством, после оног досађивања у Сарајеву, технику ткања тешко сам савладавао. Највише ме је задржавало и нервирало кидање жица основе. Још ненавикнут, споро сам везивао прекинуте жице, а завезани чвор врло је тешко пролазио кроз жице брда и редовно се поново кидао. Ово још није било највеће зло. Најгоре је било кад не оценим правилно тренутак кад треба да тргнем узицом и чунак пребацим кроз зев на другу страну, па он, уместо кроз зев, улети у жице и на десетине њих покида. Све њих повезати, траје и по сат-два, а то мноштво чворова стално се кида и ко шта ради, ја по цео дан само вежем жице, а дани пролазе. Моје напредовање у ткању ишло је врло споро. Приближавао се двадесети дан, а ја дневно не откам ни пола метра. Највише ме је љутило што је мајстор мислио да ја намерно нећу да радим. Двадесет петог дана, ја још нисам имао ни три четвртине метра. Мајстор ме озбиљно опомену да ако после тридесет дана не откам један метар, он ме мора одвести на рапорт директору, а то значи да ми следи казна од неколико дана поста и без шетње. Мајстор је био убеђен да желим неки други лакши посао, зато, како он каже, што сам „школац", али, он је већ многе „утерао у ред", па ће и мене. Стално сам мислио о том фаталном крају месеца. Кад изненада почех нагло напредовати. Жице ми се нису тако често кидале и готово цело радно време сам ткао. Дан пре краја месеца, ја пребацих један метар. „А, видиш, како се може, само кад се хоће", рече мајстор нобедоносно. Узалуд сам га уверавао да сам се сталио трудио и да не знам ни сам како се то десило да последња два-три дана почнем јако напредовати. После је све лепо ишло.

Још док сам „кљуцао" својим чунком, чуо сам како чунак у некој ћелији лупета као митраљез. Мајстор ми је говорио како има кажњеника који дневно откају по осам до десет метара. Нисам му поверовао. Сео сам и израчунао да према броју жица у једном сантиметру за осам до десет метара платна треба дневно за седам сати рада начинити 15000 до 18000 потеза руком ради пребацивања чунка са једне на другу страну, а то ми је изгледало немогуће. Међутим, није дуго потрајало, а ја сам ткао чак до десет метара обичног платна, а кад сам добио да ткам шифон, чије су жице основе финије и јаче, ткао сам и преко дванаест метара дневно. Тако сам већ после два месеца био најбољи ткалац у казниони. Мајстор ми је рекао да ме је у ткању платна до сада надмашио само неки Мисирлић, познати цепарош из Сарајева. Он је ткао и преко тринаест метара на дан.

Кад је нестало основе за шифон, ткао сам сламњаче. Ту су жице знатно дебље, истина, лако се кидају, али сам ипак са лакоћом ткао петнаест метара дневно. Био сам се толико сродио са ткалачким станом да сам га осећао као органски део себе. Могао сам ткати а да не гледам ни у брдо ни у нити. Ако негде пукне жица, одмах осетим, иако не видим где је пукла. Знао сам подесити стан „као тамбуру”, што рекао мајстор, па да ми по цео дан не пукне ниједна жица. Мајстор се са мном поносио, сматрајући да сам ја, као добар ткалац, његово дело. Приликом једне директорове посете, он му је показао моје платно рекавши: „У овоме се може вино носити”, алудирајући на густину и чврстоћу платна. Хвалећи ме, он је имао своју рачуницу. Тиме је пред директором, а и пред осталима хтео да покаже да је и он добар мајстор, иако није био стручњак, као што је то био мајстор Лојина, који му је оспоравао ткалачко знање. Зато ме је мој мајстор пазио, далеко од тога да ме је волео, па кад год би он делио храну, увек је поред редовне кутлаче додао још коју да напуни моју порцију.

Већина стражара веома су строго, готово сурово, поступали са нама. Време од пола сата шетње било је за нас право малтретирање. Само неколицина њих били су човечни. Најбољи је био Хрват Паво Добреновић (Ловреновић?). Он је знао и по неку лепу реч да нам каже, па мало и да се пошали. Била су још два-три стражара који су са нама добро поступали, али њихових се имена више не сећам.

Ми осуђени у атентаторском процесу излазили смо у шетњу одвојено од других кажњеника у стакленој кући. У елипси иза зграде ишли смо два пута дневно по пола сата узаном стазом на подједнаком одстојању један од другог. На ово одстојање, они најгори стражари будно су пазили. Међутим, за нас је одржавање овог одстојања било веома тешко: нисмо се смели окренути да видимо јесмо ли на правилном размаку. Стражари су се стално на нас издирали. Ако идеш брзо, стражар виче, а ако полако – још горе. Ако гледаш у земљу, пада опомена: „Шта ти тражиш по земљи? А ако гледаш мало више: „Шта бацаш очи у облаке?' Просто су се утркивали ко ће више да виче, добацује и горе псује. Једва смо чекали да се шетња заврши и да се ослободимо ових нељудских створења. Једног дана у децембру дођоше из Сарајева Иво Крањчевић, Бранко Загорац и Цвијан Стјепановић. Кад су их први пут извели у шетњу са нама двојицом, морали смо се добро пазити да нас стражари не ухвате како жељно један другог загледамо. Кад се шетња завршила, ја при улазу у зграду хтедох да искористим прилику и упитам Загорца, који је ишао испред мене, шта је са осталим нашим друговима, али један се стражар сакри иза улазних врата и тек што почех тихо говорити, он повика: „А, тако ти. Сутра ћемо на рапорт.” На рапорту, директор Јосип Пожар прво ми очита лекцију о мом тешком положају, с обзиром зашто сам осуђен, а затим ме казни три дана без шетње. Није знао да то за мене није била казна, већ награда. – Касније су дошли још Лазар Ђукић, Јаков Миловић, Митар и Неђо Керовић, да ли заједно или у групама и када, више се не сећам.

На дан 12. марта 1915. г., све нас осуђене за атентат изведоше у ходник. Није било само Бранка Загорца. Ту су били заповедник страже Мотичка, дежурни кључар и војничка патрола са натакнутим бајонетима на пушкама. Ланцима нас свезаше све по двојицу. Мене и Васу свезаше заједно. Тада командир патроле кратко рече да се у путу владамо како треба, а ко покуша да бежи, биће одмах убијен. Изведоше нас у двориште до колосека казнионичке железничке пруге и ту се попесмо у вагон. И у вагону остасмо везани. Очигледно негде нас пребацују, али куда? – Вагон је одвучен на железничку станицу и ту прикопчан за редовни воз. У возу Васо ми шапну: „Цвјетко, добро је. Наши напредују. Видиш да се боје да нас не ослободе, па зато нас терају негде за Мађарску.” Никако нисмо могли дознати куда нас воде. Изгледа да је свака станица јављала следећој станици да ми долазимо, јер је на свакој улазио шеф станице у вагон да нас види. Најчешће су мислили за Васу да је Гаврило

Принцип. Најгоре смо прошли у Суботици. Ту смо затекли војнике који одлазе на фронт. Шеф станице дошао је са неколико официра и ваљда да пред њима покаже свој црно-жути патриотизам, поче простачки да нас напада највулгарнијим изразима, а у томе му је и по неки од официра секундирао. Једва смо чекали да оду из вагона и да воз крене.

У Пешти на станици сишли смо и свет је сматрао да смо руски заробљеници. Свако од нас имао је на себи дебело сиво зимско одело зеничких кажњеника. Преко Пеште, стигосмо у Беч. Ту нас раставише: Крањчевић, Ђукић и Стјепановић одоше на једну страну (за Терезин у Чешкој) гдје су још од 5. децембра 1914. г. били Принцип, Грабеж и Чабриновић. Ми остали: Васо, Митар и Нећо Керовић (отац и син), Миловић и ја, седосмо у други воз. У возу затекосмо једног Немца како чита новине, чини ми се „Neue Freie Presse“. На првој страни Васо и ја видесмо крупним словима наштампано: „Fall von Pszemysl‘, и ми то преведосмо као: Пад Пшемисла. Васо гурну лактом мене, а ја њега, и очи нам радосно засјаше. Знали смо да је Пшемисл најјача аустријска тврђава и њен пад значио је велики успех Руса. Међутим, кад сам почео сређивати и проверавати своја сећања, у новинама сам нашао да су Пшемисл освојили Руси 22. марта 1915. г., а ми смо у Бечу били 13. марта! Значи, онај наслов у новинама није говорио о „паду“ Пшемисла, већ вероватно о његовом тешком „положају“ за време опсаде. Јер су Руси читавих четири и по месеци опседали Пшемисл, док га коначно нису освојили 22. марта 1915. године.

Na raspravi (u sredini Princip).

Суђење атентаторима

У мелерсдорфској казниони

После кратке вожње електричном железницом преко Бадена, сиђосмо на станици Мелерсдорф (Mollersdorf). То је мало место у близини Бадена код Беча. У њему је војни затвор, за чије зграде кажу да су биле летњиковац Марије Терезије. Овде је издржавао казну Никола Прокопић, свештеник, осуђен на дванаест година робије због објављеног чланка „Барут мирише” у Кочићевој „Отаџбини”, од 29. фебруара 1908. г., док је тадашњи уредннк „Отаџбине”, Драгомир Јанковић, осуђен на четрнаест година, издржавао казну у Терезину.

Наравно, и овде нас сместише у ћелије „Einzellhaus“-а (зграда са ћелијама). Ћелија је била дугачка пет метара а широка око два метра. За шетњу у њој могао си направити пет корака. У току многих година, ко зна колико се кажњеника по њој шетало, па су се у меканим чамовим даскама пода направила удубљења у облику плитких чанкова, и, хоћеш-нећеш, морао си при шетњи подешавати кораке према њима и у њих газити. Висок мали прозор на зиду имао је гвоздене решетке. И изнад врата био је прозор с решеткама и жичаном мрежом. Кроз тај прозор долазила је ноћу светлост од лампе у ходнику, а зими топлота од једне велике пећи на средини ходника, којом су се на тај начин загревале све ћелије, па је у оним удаљенијим било врло хладно. – Инвентар ћелије био је: сто, столица, дрвене „причне" (лежај) са сламарицом, сламни јастук, два чаршава, два ћебета, лимена чаша, канта за воду и „кибла". Ујутро смо се умивали један по један на умиваонику у ходнику. Дневно су нас пуштали пре подне пола сата у шетњу. Шетали смо у повећем кругу, размакнути један од другог. Само, овде смо шетали на миру, стражари нам нису ништа добацивали као они у Зеници. Порције (ћасе) за храну биле су нумерисане и увек је свако од нас добивао своју порцију. Храну су нам доносила два кажњеника, која су такође била у ћелијама, али драговољно. Преко дана они су радили у радионицама изван казнионе у селу. Један је био Хрват и звао се Новак, други Чех Цисаж. Овај је као добар Чех мрзео Немце и сваку прилику би искористио да се наруга „Ракоуску" (Аустрији) и њеним „храбрим војницима". Кључар водник (Zugsfuhrer) био је Моравац, па је зато Цисаж у својим пецкањима и критикама могао бити слободнији. Новак је набавио виолину и марљиво вежбао. Научио је и ноте. Понеки пут позајмио би је и мени на дан-два, па сам онда и ја обнављао своје знање у свирању из учитељске школе.

У мелерсдорфском затвору сви су кажњеници подељени у три класе. У првој класи били су почетници. Кад су они ишли на рапорт, носили су жути оковратник (Halsbinde). У другој класи били су кажњеници са већ одлежаном једном четвртином казне и имали су сиве оковратнике. У трећој су били они са одлежаном половином казне и приликом рапорта носили су црне оковратнике. Тако је командант затвора по оковратницима одмах знао којој класи припада кажњеник доведен на рапорт, па се према томе равнао у кажњавању.

Дуго нам нису давали ништа да радимо. Било нам је страшно. Зеница је у том погледу изгледала као рај, јер нас је у њој рад спасавао убитачне досаде. Сад сам осетио праву вредност рада за човека. Самоћа и нерад су страшна казна. Рад, макар и у самоћи, благодет је и спас. Сељаци су много теже подносили самицу од нас. Нама двојици је слушање разговора стражара и кључара на немачком и чешком језику донекле олакшавало самоћу, а нарочито читање новина. Наиме, ми смо за „кибелпапир” добивали исечене старе бројеве бечких новина: „Volksblatt“ и „Kronenzeitung“. Исечке смо склапали и често пута састављали целе странице. То што су датуми тих новииа били отпре двадесет или месец дана, за нас није играло никакву улогу: нама је свс било ново. Особито смо волели карте са приказивањем положаја фронта на појединим бојиштима. Њих смо чували и стално пратили померање фронтовских линија. Међутим, кад су на стражу почели долазити бечки омладинци ђаци, са многима од њих смо успоставили везу. Њих је занимало све у вези са атентатом и радо су ступали у разговор са нама, мада им је то било најстроже забрањено. Од њих смо добијали новине да их читамо док су они на стражи (два сата). Новине смо им враћали пред смену страже. Неки су нам доносили и по коју цигарету. Свега тога сељаци су били лишени и њима је стварно било врло тешко. Једном се у ходнику направи узбуна. Дође кључар и отвори ћелију старог Митра Керовића. Кад му није успело да се са њим објасни, отвори моју ћелију и позва ме да питам Митра шта је радио. Ево шта се десило. Стражар је кроз отвор на вратима посматрао како Митар шета: он је положених руку на пасу ишао пет корака напред, а онда, не окрећући се, ишао пет корака натрашке и тако непрестано. Стражар је мислио да је Митар шенуо и позвао кључара. Запитах Митра зашто се тако шета, а он ми објасни да кад се при шетању окреће, онда му се заврти у глави. Кључар му је на то рекао да се тако више не сме шетати.

На нашу молбу дозволи нам командант да можемо добивати на читање књиге из казнионичке библиотеке. Војни свештеник (Feldkurat) г. Вилко Драбек, ио народности Чех, трудио се да нам донесе књиге према нашој жељи. Ја сам желео дела из филозофије и природних наука. Швеглерову „Историју филозофије” са уживањем сам читао, заправо студирао а не читао. Прочитао сам сва Кантова дела у издању Рекламове библиотеке. Ово ми је много година касније добро дошло, јер сам на професорском испиту 1925. године, између осталих питања имао да наведем садржину главних Кантових дела. – У ћелији сам се носио мишљу да преведем „Критику чистог ума", али, немајући филозофски речник, одустао сам. Ограничио сам се на састављање индекса филозофских термина у том делу. На основу јеванђеља на француском језику састављао сам промене појединих речи и тако освежавао своје знање из француског језика. Чешки сам учио на основу чешког превода Смајлсовог дела „О дужности". Али највише сам се усавршио у католичкој теологији. У недостатку других дела читао сам и религијску литературу, које је у књижници било у изобиљу. Тако сам дознао како језуита др Хетингер у две или три свеске своје „Апологетике" покушава да учење католичке цркве доведе у сагласност са најновијим резултатима природних наука. Ту сам се упознао са многим научним достигнућима за која нисам знао. Врхунац мога црквено-теолошког образовања било је дванаест свезака дела чијег се наслова више не сећам. Свака је свеска била посвећена једпом месецу у години, а у њој је за сваки дан у месецу било говора о свецу коме је посвећен тај дан, о његовом животу и заслугама због којих га католичка црква слави као свеца. Пошто сам већ имао извесно своје гледиште о филозофији, религији и науци, оваква лектира није могла утицати на мене, али ми је пружала масу непознатих података. Но, с нама је једно време био у самици истарски омладинац Руденшек из Копра (тада Каподистрија). Не сећам се зашто је био кажњен, али у самицу је дошао што није дозволио да га ошишају до главе. У самици су му навукли лудачку кошуљу и прописно га ошишали, а он се дерао као луд. На њега је клерикална литература у затвору снажно деловала. Кришом ми је писао да он више није националиста, јер је дошао до убеђења да је хришћанско учење једино право и једино ће оно спасти човечанство од свих неправди и невоља. Ваљда у нади да и на мене утиче, послао ми је књигу проповеди љубљанског бискупа Јеглића. Али његов Јеглић је завршио врло прозаично. Док је књига била још код мене, наста преглед ћелија, који се овде повремено вршио. Да не бих довео у неприлику и Руденшека и себе ако се књига нађе, ја је стрпах у киблу. Срећом, ту кључар није завиривао.

Како се у ћелији врло брзо смркавало, нарочито зими, читао сам код прозора изнад врата кад се запали лампа у ходнику. Због жичане мреже морао сам при читању помицати књигу да слова долазе на осветљено место између сенки од жица мреже. Тиме сам вид толико упропастио да кад сам се у 1916. години пријавио лекару, одмах ми је прописао наочаре са стаклима од минус четири диоптрија.

Затвор у Мелерсдорфу пружао је праву слику многонационалне Аустро-Угарске Монархије. Све њене народности биле су овде заступљене. Највише је било Чеха. Они су и овде у казниони водили борбу са Немцима. Између њих је долазило и до туче, па су их морали по собама раздвајати. Од свих заступљених језика у међусобним контактима кажњеника створила се нека врста „међунационалног језика” у који је од сваког језика ушло понешто. Из нашег језика на првом месту ушле су наше псовке, којима су се сви обилато служили. И још једна наша реч била је заједничка и у великој употреби, а то је „чик” (опушак цигарете).

Једно време су у Мелерсдорфу били затворени чешки посланици Крамарж и Клофач, а чини ми се и Рашин. Крамарж је био вођа младочеха и осуђен на смрт, али је амнестиран. Клофач је био вођа националних социјалиств Кад су 1917. г. помиловани и отишли у Беч, чули смо да су се преко својих другова посланика заузимали да нас врате у Босну. Вероватно су сматрали да нам због врло слабе исхране прети опасност да од исцрпености сви помремо.

Нас двојица, Васо и ја, примисмо 8. V 1915. г. оптужницу државног одвјетника у Сарајеву против Виктора Рупчића и другова, чланова сарајевске организације „Југословенска националистичка омладина". Од већ осуђених учесника у Сарајевском атентату, поред нас двојице били су оптужени још и Лазар Ђукић, Иван Крањчевић и Бранко Загорац. Главна расправа била је одређена за 14. јун 1915. г. у Травнику. Много смо се обрадовали што ћемо отићи у Травник и видети другове. Спремали смо се како ћемо на суду свашта говорити, јер смо иначе већ осуђени на вишегодишњу тамницу. Узалуд смо очекивали да нас крену за Травник. Од тога не би ништа. У Државном архиву у Сарајеву нашао сам акт Команде војних затвора у Аустрији, којим се извештава Окружни суд у Сарајеву да се позвани кажњеници на расправу у Травник пе могу упутити без одобрења војног министра, а с обзиром на војне прилике, тај би транспорт био јако отежан. После овог обавештења, Окружни суд доноси 5. VI 1915. г. решење да се „излучује казнени поступак против Васе Чубриловића, Цветка Поповића, Лазара Ђукића н Иве Крањчевића, да се назочна казнена ствар сувише не затеже" (Држ. арх. БиХ, 1У-3-3, бр. 646). Тако ми не одосмо на расправу.

Зиме су биле врло оштре. Није био редак случај да ујутро нађем у канти смрзнуту воду. Једном је чак усред лета ветар наносио снег са Шнеберга (Schneeberg, 2075 m). Зими сам спавао обучен, а у време јаке студени завлачио сам се у сламарицу.

Једно краће време дадоше нам да од већ изрезаних шаблона лепимо кесе за трговину. После кеса дођоше на ред рукавице од меког прозирног папира, вероватно за лекаре и болничаре. На том послу смо нешто и зарађивали, па смо могли „фасовати" (требовати) нешто за јело и дуван. Пушење није било забрањено. Иначе, храна је била врло лоша, нарочито почев од краја 1916. године. Добивали смо куване презреле краставце семењаке, репу, купус, све врло чорбасто, а кад добијемо пасуљ, зрна су се могла пребројати. Ипак, најгори је био кромпир од кога се прави шпиритус (Spiritus Kartoffel). Он је јако палио у грлу, а морали смо га јести од глади. Четвртком и недељом добивали смо у супи по парче меса, величине слабог залогаја. Хлеб је у почетку био добар, војнички. Мало-помало постајао је све гори, док нисмо почели добивати нешто што је само имало облик хлеба, а од чега је био умешен, тешко се могло докучити. У том хлебу било је доста исецкане сламе која се при жвакању забадала у десни. Што је најгоре, није се могао дуго одржати, а ми смо добивали пола векне на пет дана. Покушавао сам да га поделим на пет делова да имам за сваки дан парче, али већ после трећег дана, он' би се уплеснивио. Тако смо дан-два увек били без хлеба. Зато кад добијемо свеж хлеб, тешко је било савладати се и не појести одмах све, а то је било опасно. Неколико кажњеника платило је главом што су одједном појели цео добивени хлеб. Од такве исхране јако смо ослабили. Ја сам спао на 46 килограма. Поспремити кревет и почистити ћелију значило је добро се уморити. Готово није било дана да није неки од кажњеника умро, а било је и дана кад су се одједном сахрањивала и тројица. Од нас први је умро Нећо Керовић, 23. марта 1916. г. Убрзо за њим умро је Јаков Миловић, 16. априла 1916. г., од ране коју су му задали жандарми нриликом хапшења. Стари Митар Керовић, Нећин отац, умро је 1. октобра 1916. г. Стање је било очајно и нас двојица нисмо ништа боље очекивали. Тада се Васо одлучи на смео и по нас опасан подухват. Договорио се са Цисажем да преко њега упути сестри писмо и тражи да пошаље пакет на шефа радионице у којој је Цисаж радио. Ја сам био против тога, јер сам се бојао да ће се ствар открити, па ће нам бити још горе. Сем тога говорио сам да је питање колико ће од пакета доћи до Васе, и да ли ће уопште ишта добити. Међутим, Васо се није дао одвратити, говорећи: „Нска од 5 кг добијемо један, мени је доста.” И тако писмо оде, а од пакета дуго није било ништа, кад једног дана јави Цисаж да је пакет стигао. Он му је повремено доносио мало-помало, због опрезности. Васо посла и мени мало кобасице. Слатко сам је јео, али сам стално мислио шта ће бити ако се открије. Добивеним дуваном у пакету, Васо је све корумпирао. Преко Цисажа добивао је за дуван од болничара (кажњеника) месо и хлеб из болничке хране, која је била доста добра.

Ја сам се више пута јављао на лекарски преглед, жалећи се на температуру и болове у прсима, у нади да ме задрже у болници и тако дођем до болничке хране. Узалуд. Увек сам добијао само неке прашкове које нисам ни употребљавао. Најзад сам ипак успео. Преко Цисажа обавестио сам болничара (кажњеника) Козака, да и ја могу добивати пакете од сестре, па ако ме задрже у болници, ја бих њему давао сав дуван из пакета. Морам напоменути да је дуван био веома цењен; за њим су сви жудили као за животним еликсиром. С ким је све Козак био у договору, није ми познато, али мене на следећем лекарском прегледу задржаше три дана ради контроле. Болничар је свакако био у споразуму са Козаком и стално је извештавао лекара о мојој високој температури, на основу чега ме лекар задржа у болници. Козак је са санитетским капетаном удесио да дођем у његову собу. Наиме, свака болесничка соба имала је свога болничара (Wachter), који се старао о потребама болесника, о чистоћи собе, доносио храну, контролисао узимање лекова, прописаних од лекара. Козак је био Бечлија, кажњен двадесет година због уморства. Лепо је свирао на гитари. Његова соба била је за туберкулозне болеснике. Козак је био у врло добрим односима са санитетским капетаном, на коме је, у ствари, почивала цела болница. Пре подне, кад би лекар (Stabsarzt) прегледао болеснике, капетан му је био десна рука. Све лекове имао је он да спреми у болничкој апотеци и подели болесницима према лекаревом упутству. Међутим, он је сав посао око спремања лекова пребацио на Козака. Увече, кад се после поделе вечере болница затвара, Козак је добијао од капетана сав потребан материјал за справљање прашака, масти, чајева, сирупа и др. Испрва, ја сам посматрао шта и како он ради, понешто му помагао, док мало-помало он тај цео посао препусти мени. Док је он чигао новине и пијуцкао ликер, који је сам правио, ја сам правио лекове. Сем тога, ја сам га заменио у прању болесничких порција, чишћењу собе и у мерењу температуре болесника. За све те послове Козак ми се реванширао тиме што је листа за бележење темиературе изнад мога кревета стално показивала између 38 и 39,5° С, и, што је за мене било врло важно, давао ми је дуплу порцију хране.

Најзад реших да пишем сестри у Приједор да ми пошаље пакет и у њему што више дувана. Писмо ће Козак дати да се убаци у поштанско сандуче кад буде ишао по болничку храну која се доносила из кантине изван казнионе. Нисам имао среће. Неко је за ово сазнао и пријавио. Писмо је дошло у руке команданту затвора и он ме казни са три дана поста и тврдог лежаја. Казну ћу издржати у својој ћелији кад изиђем из болнице. Ипак, то није утицало на однос Козака према мени, он ме је и даље штитио да останем у болници, ради послова које сам му обављао.

Тако сам ја питање свога опстанка добро решио, а за Васу сам чуо да стално прима пакете и да врло добро изгледа. Само, моје благовање не потраја дуго. Једне ноћи у јуну 1917. г., све нас пробуди страховит пуцањ. У први мах сви смо помислили на гром, али небо је било ведро, осуто звездама. Нико није знао шта се десило, а како се стално чула пуцњава као од митраљеза, многи су тврдили да је то пуцњава са фронта и да Руси нападају Беч. Знао сам колико је фронт био удаљен од Беча, па је тако нешто било искључено. А шта је било? – Ујутро смо дознали да је одлетела у ваздух највећа аустријска фабрика муниције у Велерсдорфу, удаљеном око 20 км од нас. То је за Аустрију била права национална катастрофа. Тог јутра, лекар је био веома љут, викао је на све. Кад је, приликом обиласка болесника, ушао у нашу собу, угледавши мене викну: „Ова свиња сместа напоље!” – Истог дана испратише ме у ћелију, на велику жалост Козака. Кад сам угледао Васу, нисам веровао својим очима, толико се био угојио.

Не сећам се колико смо још продужили одвојено у ћелијама, кад нас једног дана саставише заједно у једну нешто већу ћелију. Нико није био радоснији од нас. После трогодишњег самовања, сад нам је изгледало као да смо слободни. У међувремену, услед врло слабе исхране, што је имало за последицу многе смртне случајеве, министар војске је дозволио слање пакета кажњеницима и посете. Васо је престао да се снабдева илегалним путем. Примао је богате пакете или поштом или му их је доносила сестра Вида. Поред хране добијао је и књиге. Имали смо безмало сва Гетеова, Шилерова и Хајнеова дела на немачком и још неких немачких класика. Ја сам од Милана Јанковића из Бање Луке добио дело др Адолфа Јуста: „Kehret zur Natur zuruck“ (Вратите се природи). Са интересовањем сам читао излагање и правдање теорије др Јуста о људској исхрани. Ту теорију он је практично спроводио у свом заводу на Харцу у Немачкој. Његови пацијенти су од хране животињског порекла јели само мед и млеко, иначе искључиво храну биљног порекла. Највећим отровом у људској исхрани сматрао је кувано и печено месо и уопште све што се на ватри спрема. Умивање сапуном је такође штетно и неприродно, као и купање загњуривањем целог тела у воду.

Васо је помоћу пакета корумпирао не само кључара већ и профоса. Кад би у пакету добио боцу шљивовице, што је било забрањено, он би је „великодушно” поклонио профосу, а за дуван би рекао да се подели кључару или Цисажу и Новаку, који су нам доносили кажњеничку храну. Али зато су се и профос и кључар правили невешти, кад би у пакету било пасуља, таране, омача, маги-коцкица за супу и др., и нису се питали како и ко ће то кувати. А ми смо у ћелији имали импровизовано огњиште. Од лампара смо добили, наравно, за дуван, петролеј, празну конзерву и чамове трешчице. Недељом, кад се вечера подели убрзо после ручка, и ћелије се више не отварају све до сутра ујутро, ми увелико кувамо. Ја сам био кувар. У прикрајку иза ормарића преврнем клупицу, за њену пречагу обесим порцију, а испод ње потпалим у конзерви петролеј са трешчицама. Редовно смо кували супу,

затим неко јело. Једне недеље, пасуљ никако да про-
вре. Стално сам досипао петролеј у конзерву и, по
нашем рачуну, требало је да пасуљ давно проврe,
али ништа. Љутито истресем пасуљ у другу пор-
цију и тада приметим на дну порције дебео слој чађи.
А, то ли је, одмах ми сину. Слој чађи као слаб сп-
роводник топлоте бранио је нормално загревање
воде. Чим сам састругао чађ и поново ставио пасуљ
да се кува, за кратко време био је скуван.

Пре него што су дозвољене посете, мој брат Бра-
нко, војник пекарске чете на фронту у Галицији, до-
шао је у јесен 1916. г. да ме посети, али му нису
дозволили да ме види. О томе је касније писао бечки
„Arbeiter Zeitung" од 2. VIII 1917. г. (види и код Вл.
Дедијера: „Сарајево 1914," стр. 609). Приликом једне
посете Васине сестре Виде, која је донела пакет, за
време разговора у присуству профоса, Вида успе да
неопажено дотури Васи два дуката по десет круна.
Настало је већање шта ћемо са њима. Најзад реши-
смо да покушамо набавити петролејски примус за
кување, и на тај начин идеално решимо проблем ку-
вања. Васо се одлучи да покуша преко чувара. Он је
већ био корумпиран колачима које је јако волео. Кад
год би у пакету стигле урмашице или какви други ко-
лачи, Васо је редовно позивао кључара у ћелију да
га почасти. Сад је решио да га замоли да нам купи
примус и за то је дао један дукат, а други да узме себи
као поклон. Сумњао сам да ће кључар на то пристати,
јер се излаже великој опасности, ако се ствар открије.
На моје изненађење, а радост обојице, кључар узе
дукате, Пролазили су дани и недеље а од примуса

ништа. Нити ми питамо шта кључара, нити он нама шта говори. Већ смо почели сумњати да ће нас преварити. Најзад, кад смо већ изгубили сваку наду, добисмо примус. Нико срећнији од нас двојице.Сместисмо га у орманче. Предњу отворену страну орманчета прекрисмо обешеним пешкиром. Сада смо сваког дана после шетње кували супу од маги-коцки. Кување јела ишло је лако, брзо и чисто. Право уживање према ранијем мучењу. Чак сам покушао да направим „кајзершмарне" (царске мрвице), па кад није успело, усуо сам унутра исецкане јабуке да добијем јабуке у „шлафроку", али је испало нешто што Васо никако није могао да једе. Да му докажем да се може јести, појео сам мало на силу, а остатак смо дали другим кажњеницима за које је то било права посластица. Због ових „кајзершмарни", Васо је увек правио шале на мој рачун, па их прави и дан-данас (1967).

Опет нам дадоше да радимо. Парали смо дотрајала војничка одела, телећаке, фишеклије и др. Требало је све да опоримо, очистимо од конаца и сврстамо по деловима. То је био прљав посао са много прашине и смрада. На нашу срећу, нисмо то дуго радили. Док смо то радили, доживели смо врло незгодан случај, који се могао кобно завршити. Једном после шетње, кад смо приставили воду за супу, изненада наиђе командант затвора са својом пратњом, профосом и кључарем. А наша вода у порцији таман поче да струји, што се у тишини јасно чуло. Нађосмо се у врло мучној ситуацији. Стао сам испред ормарића с примусом. На командантова питања одговарао сам све позитивно: храна нам је добра, на поступак према нама немамо шта да се потужимо, парање одела није нам нимало тешко итд., само да им не дам разлога да се задржавају у ћелији. На свако питање одмах сам одговарао да не би настала пауза у којој би се могло чути струјање воде. Кад изиђоше из ћелије, нама свану. Обезнанила нас помисао шта би све било да су случајно открили наш примус.

Прошла су скоро три месеца одкако сам изишао из болнице и већ сам мислио да су у дирекцији заборавили на моју казну због оног ухваћеног писма сестри. Али дође и она на ред. Кључар ме одведе у моју бившу ћелију из које изнесоше сламарицу и све постељне ствари. Пост се састојао у томе што сам од јела добијао само хлеб. Међутим, то сам врло лако подносио, јер ми је за сва три дана Васо дотурао свега довољно.

Крајем септембра 1917. г. изненади нас Цисаж са вешћу да су из Терезина стигла два наша друга. После нам и кључар саопшти да су дошли Иво Крањчевић и Цвијан Стјепановић и да ћемо сви за два дана ићи натраг у Зеницу. У први мах посумњасмо да ћемо се вратити у Босну, али било је тачно. Уочи самог нашег поласка, Васо доби повећи пакет, који смо сутрадан понели на пут. Кад смо се састали, дознасмо од Иве да су у Терезину сви помрли осим Принципа, који је тешко оболео. Тако се у Зеницу вратисмо само нас четворица. Пратило нас је осам војника са подофициром као вођом. Чини ми се да су сви били Бечлије. Много година касније, на слободи, дознао сам да је и Принцип требало да буде враћен у Зеницу. У „Југословенској пошти”, од 1.

фебруара 1930. г. (Сарајево), Војислав Богићевић објавио је службена акта из којих се види да је Принцип требало да буде транспортован у Зеницу 14. децембра 1917. г., али је гарнизонски лекар у Терезину известио да је Принцип услед тешког туберкулозног обољења неспособан за путовање. Тако је изостао његов повратак. А да је дошао, он би у нашој средини, са јаком вољом какву је имао, и поред тешке болести, вероватно дочекао ослобођење. Умро је 28. априла 1918. г. у гарнизонској болници Војног казненог завода у Терезину.

Године 1915. оставили смо у зеничкој казниони врло строг режим. Тада о некаквој приватној храни није било ни говора. Пошто нисмо знали како је сада, Васо од пакета остави за нас четворицу колико нам треба до Зенице, а остало подели нашим спроводницима. Највише је добио вођа патроле: повеће парче шећера у комаду, мало сланине, сира и колача. Остали су добили нешто мање. Видело се да су веома задовољни поклоном. То је била друга половина 1917. године, кад је у Аустрији владала велика несташица у основним животним намирницама. Целим путем били су врло коректни према нама. Радо су се упуштали у разговор, наравно, највише их је интересовао атентат. На станици у Подравској Слатини, воз је дуго стајао. Наши спроводници ишли су наизменично у жлезничку ресторацију да се освеже пићем. Свакако је од њих једна млада жена дознала за нас и, на наше највеће изненађење, донела нам је пун повећи послужавник грожђа! Каква разлика између нашег пута 1915. године и овога после две године. Тада су нас дочекивали и испраћали псовкама и увредама, а сада грожђем. Очито, рат је учинио своје. Овде нас је један од њих све заједно сликао. Васо му је дао адресу своје сестре др Стаке Бокоњић, тада у Загребу, и он је обећао да ће јој послати израђене слике. И одржао је обећање. Кад смо се 1918. г. ослободили затвора, др Стака је сваком од нас дала ту фотографију, за нас тако драгу успомену.

Али ти честити људи одговарали су за своје хумано држање према нама. По повратку у Зеницу, Васо је У писму сестри поменуо да смо лепо путовали и да је стража била према нама добра. Како је казнионички учитељ Карло Хофбауер, једна подла и покварена душа., о коме ћу још говорити, цензурисао писма, као црно-жути патриота није могао преко тога прећи, већ је, свакако да се препоручи као лојалан поданик, послао извештај у Беч. Људи су за свој поступак према нама, на Хофбауерову денунцијантску пријаву одговарали пред војним ратним судом. Ипак, како је Иво Крањчевић дознао, сви су били ослобођени кривице. Један од њих, каплар Франц Бриховски, шеширџија, јавио ми се 1964. г. из Беча. У писму пише да се јако обрадовао кад је из бечких новина сазнао да сам жив. А да је он заиста био у пратњи, као доказ шаље ми ону фотографију из Подравске Слатине и још моју фотографију из 1914. г., коју сам му тада поклонио за усиомену, и комадић неке разгледнице са наша четири потписа. Занимљиво је да се ја никако не сећам ни давања фотографије ни потписа, толико је то пало у дубок заборав.

Поново у зеничкој казниони

У Зеницу смо стигли 2. октобра 1917. г. Док смо чекали да се обаве административне формалности око наше предаје, један од зеничких стражара примети: „О, па ви сте се, Чубриловићу, угојили"! – Запазих да ме ословљава са „ви" и би ми јасно да ни овде није више онај режим из 1914. и 1915. године.

Опет смо провели три месеца у ћелијама „стаклене куће". Пошто више није било материјала за ткање, сада смо обављали разне послове: пребирали пасуљ, чистили жито и разно семење од труња и земље, чијали перје и др. Кад ми кључар донесе у малој в()ећици збијено перје да га чијам, напомену ми да га могу чијати три дана, пошто ми је ово прво перје. Ја се осмехнух и, гледајући онај мали смотуљак у в()ећици, реков: „Па ово ће данас бити готово." Сад се он осмехну: „Само ти ради, па ћемо видети кад ћеш свршити." Ту, наоко шачицу пе()ја нисам ишчијао ни за три дана, иако сам се св()јскн трудио. Колико год сам вадио из в()ећице, чинило ми се да у њој увек остаје иста количина. Једанпут-двапут заборавих да затворим прозор и кад кључар отвори врата промаја растера перје по целој ћелији, па читав сат прође док га покупих. Кад је нестало перја, крпио сам креветске чаршаве. Прво сам издвајао целе поле и од њих спајао чаршаве. Исцепане делове крпио сам закрпом. Сећам се да сам научио три бода (начина шивења): за обрубљивање, за спајање пола и за крпљење. После је дошло на ред чишћење ситног семења поврћа или цвећа од труња. Међутим, једног дана приметих по труњу да сам добио исто семе које сам већ једиом чистио. Сигурно нису више имали ни семења за пребирање, па су нам давали исто само да се нечим забавимо. Али сазнање да не радим посао који нечему користи, убило је у мени елан за радом. Свест да радим само да ми прође време, уништила је радост и задовољство које изазива користан рад. Убрзо по нашем повратку дошао ми је у посету средовечан човек, обучен у цивилно одело. Представно се као Карло Хофбауер, учитељ у казниони. Питао ме је шта желим да читам, јер ћу недељно моћи да добијам по једну књигу. Одговорио сам да ме занимају природне науке и филозофија. Био је врло љубазан и обећао да ће гледати да ми у казнионичкој библиотеци нађе жељену лектиру. Једва сам чекао недељу кад се деле књиге. Кад сам се враћао из шетње, угледам пред вратима ћелије танку књижицу и стражар ми рече да је узмем. Чим сам ушао у ћелију, одмах отворим прву страну да видим шта сам добио. Прочитах наслов: „Како се гаји кромпир”. Разочаран, ипак помислих, дај шта даш. Књижицу сам тог истог дана целу прочитао.

Пред крај недеље дође учитељ да ме упита да ли сам задовољан књигом. Наравно, рекох му да сам је са интересовањем прочитао и као узгред споменух шта сам желео. Он се извињаваше и рече да је то свакако нека забуна. Његова љубазност и мој положај кажњеника допринеше да му поверовах. Међутим, следећи пут добих часопис „Православље", који је уређивао свештеник Живојин Бута. Сад ми је пукло пред очима. Имао сам посла с покварењаком, садистом, који је своју црно-жуту душу наслађивао тиме што нам је наносио ситне пакости. Кад ме је идући пут упитао како ми се допала књига, одвратих: „Врло је занимљива. Има у њој много интересантног." Више није долазио. Вероватно је осетио да сам га прозрео. Међу осталим књигама прочитао сам од задарског епископа др Никодима Милоша: „Правила православне цркве с тумачењима". Како сам раније у Мелерсдорфу чнтао Хетингерову католичку „Апологетику", сад сам могао на каквом црквеном сабору учествовати и као стручно поткован бранити учење источне или западне цркве!

Учитељеву пакост осетио сам и у цензури пнсама. Брат ми је био у војсци на фронту у Галицији. С времена на време добијао сам од њега карте. На њима је стајао печат војне цензуре: Zensiert и црним тушем је увек било премазано место одакле је карта послата. Али редовно је љубичастим мастилом било у кратком тексту превучена по нека реч или реченица. Дешавало се да од целог текста остане само поздрав. Ову цензуру љубичастим мастилом вршио је наш учитељ и на тај начин задовољавао свој садизам.

Још у Мелерсдорфу осећао сам болове у левом куку. Почињали су увече, а престајали би тек око поноћи. Кад сам отишао у болницу болови су били сасвим престали. Сад су се опет почели јављати. Пријављивао сам се на лекарске прегледе. У почетку ми је лекар преписивао разне прашкове, а после камфорову маст. Ништа није помогло. Болови су бивали све јачи. Са стрепњом сам дочекивао свако вече. Око поноћи био сам као нека ужарена пећ и од болова сам наглас кукао. Узалуд су била опомињања дежурних стражара да ће ме водити на рапорт што правим ларму. Не сећам се више колико је трајало ово моје мучење. Једне вечери, кад сам опет очекивао редован наступ болова, дочеках и звоно за спавање а болови још нису почињали. Легао сам у кревет и, чекајући да отпочну болови дочеках и зору. Болова није било. Просто нисам знао како то да објасним: још претпрошле ноћи сав сам горео у ватри и превијао се од болова, а ова ноћ прође без игде ишта. Што народ каже, као на пању пресечено. И, што је најважније, болови се више не повратише. Можда је утицала камфорова маст којом сам се свако вече добро истрљао.

У пролеће 1918. г. приметих да пљујем крв. Одмах помислих да сам се заразио у оној туберкулозној соби болнице у Мелерсдорфу. Лекар ме прими у болницу. Само, ја сам ту радио све супротно од онога што ми је лекар препоручивао. На запрепашћење свештеника Милана Петковића, осуђеног у бањалучком процесу на вешала (22. IV 1916), који је био тежак туберкулозни болесник и лежао у истој соби, а који се стриктно придржавао свих лекаревих прописа, ја сам јео месо, гласно говорио, радио гимнастику, чак се и шакама ударао у прса да очврснем. Говорио сам: ако ћу да живим, хоћу да живим као човек, а не као богаљ коме је ускраћен живот правог човека. И победио сам. Процес је залечен и ја се вратих у своју ћелију. Ипак је добро што се све ово није десило у Мелерсдорфу, сумњам да не бих заглавио.

После три месеца боравка у стакленој кући, кључар рече да ћемо прећи у „главну кућу”. Претходно сам морао да наведем занат који желим учити. Он ми наброја десетак заната и ја на прво место наведох књиговезачки, па резбарски и корпарски. Добио сам корпарски. Васо је добио резбарски, Иво књиговезачки, а Цвијан Стјепановић бачварски. Преместише нас у главну кућу. Кажу да је уређена по систему казниона у Пенсилванији. Зграда је имала три спрата и у сваком је била велика дворана. Средином те просторије протезала се челична конструкција ћелија у два реда, као дугачак кавез. Леђа, десна и лева страна сваке ћелије биле су од челичних плоча, а одозго и спреда где су врата била је ретка челична мрежа. Дежурни стражар шетао је око овог великог кавеза и кроз рстку мрежу видео сваког кажњеника шта ради. Да би његов ход био нечујан, имао је филцане ципеле. Ћелија је била врло тесна.

Цео простор био је испуњен гвозденим креветом на расклапање, малим столићем и четвртастом столицом. Покрај врата је на ланцу висио кратак нож, чији је врх био одсечен и тај део увијен. За вршење нужде стражар би отпратио кажњеника накрај сале, где је у посебном одељењу био нужник и умиваоница.

У радионице смо одлазили пре и после подне. При одласку и повратку, стражари су нас претресали да виде да ли имамо код себе какав недозвољен предмет. Обично су правили „штих-пробе“: из реда би одабрали неколико кажњеника, који су се морали свући, па би темељно претражили сваки део њихове одеће. Понеки пут би претрес био сасвим површан: стражар би скинуо кажњенику капу, завирио у њу и опипао цепове. Овако су се ређе претресали сви кажњеници. Али, ако би се неки кажњеник замерио некоме стражару, овај би га извесно време стално скидао догола и подробно испипао.

У корпарској радионици мајстор-стражар Скритек одреди ме као шегрта једном млађем муслиману, осуђеном на двадесет година. Он је већ био потпуно саввладао корпарски занат и сад је требало да мене у томе обучи. Према мени је био добар. Брзо смо се спријатељили, јер нисам избегавао рад и доста лако сам улазио у посао, а то је за њега пред мајстором значило његов успех. На линији кажњеничке солидарности, обојица смо према мајстору чинили један фронт. – Прво сам радио „црном ракитом“ (неогуљене коре) мање корпе за воће и поврће, а кад сам, углавном, савладао технику плетења, плео сам „белом ракитом“ (огуљена кора) путничке кофере, корпе за рубље и др. Савладавши занат, почео сам и зарађивати. Један део зараде могао сам суботом утрошити на „фасовање“ (требовање) мармеладе, кобасице, сира и др. Одређени део зараде остављан је на штедњу и добијао се кад се одлежи казна и изиђе на слободу.

Требовао сам једну свеску и у њој почео писати о тајним сарајевским средњошколским организацијама, њиховом раду и развијању од 1911. године, кад сам дошао у Сарајево па до атентата. На крају ми је недостајало листова у свесци, па сам на некаквом већем празном формулару, у коме сам био добио пекмез, завршио тај преглед. Приликом једног претреса ћелије, који се с времена на време вршио за време нашег боравка У радионици, приметих да ми на столу нема свеске. Јавих то кључару, а он ми рече да је свеску однео учитељ. Веровао сам кад прочита садржину да ће ми вратити свеску, али ја је више никада нисам видео. Као веран документ, она би ми сада добро дошла у овој магли заборава и сећања. – Кад сам по изласку из затвора и завршетку студија био са службом у Јагодини (Светозареву), један пријатељ ми јави да се нашла моја свеска. Треба да се обратим Сави Чуновићу, тадашњем казнионичком учитељу. Сав срећан, одмах му писах и замолих га да ми пошаље свеску. И он ми је посла, али шта? Само завршетак, писан на оном додатом формулару, а свеску није нашао. Па и ово ми пропаде са свим стварима у Скопљу, у априлу 1941. г., кад сам наврат-нанос пребегао са породицом у Србију. Тако нам је Хофбауер уништио један исечак из историје омладинског покрета. Или моја свеска лежи ко зна у којој архиви.

Пошто је боравак у главној кући за нас био неповољнији, јер смо били посве скучени у ћелији, замолисмо, а са нама и десетак осуђених у бањалучком процесу (остали из овог процеса издржавали су казну у Травнику), да нас врате у стаклену кућу. Ту је ћелија била комотнија (оне у којима нема ткалачког стана), виднија за читање и писање. Сад нам књиге за читање нису доносили у ћелију, већ смо сваке недеље сви ишли у библиотеку, где нам је учитељ замењивао прочитане књиге. Један карактеристичан детаљ. За свог помоћника у библиотеци, Хофбауер је узео криминалца Штифта, осуђеног на двадесет година због уморства. С њиме је Хофбауер разговарао немачки! – Замена књига била је богомдана прилика за Хофбауера да нас понижава. Он се у својој пакленој души наслађивао и ликовао. Кад би од појединца примио прочитану књигу, тражио би да му исприча садржину. Често би вратио књигу с напоменом: „Ниси ти то добро прочитао. Прочитај поново!“ Практично то је за нас значило немати шта читати целу недељу дана. А то је и био смисао учитељевог поступка – шиканирање и пакошћење. Међутим, многи су му ипак доскочили. Радило се о смелости и ризику. Пошто у библиотеци није било неких нарочитих дела, ја сам тражио часописе који су били увезани по годиштима. У њима сам налазио разноврсну лектиру и било ми је довољно за недељу дана читања. Следеће недеље тражио сам идуће годиште или нови часопис... Зато, кад би учитељ насумице отворио страну часописа и прочитао наслов неког чланка, ако тај чланак нисам прочитао, ја сам према наслову почео брзо говорити измишљену садржину. Главно је било да не застајкујем, јер би тада учитељ редовно вратио књигу. Полазио сам од претпоставке да је искључено да учитељ зна све чланке у свим часописима. Истина, ризиковао сам да учитељ наиђе на чланак који зна, а да га ја нисам прочитао, али је то била само претпоставка ради које сам био спреман и на казну.

Propustnica.

Valja za g. *Cvjetka Popovića*

za put u *Prijedor i Sarajevo*

za *10 dana*

Značaj, zanimanje: *đak*

Rodno mjesto: *Prnjavor*

Stališ: *neoženjen*

Prebivalište: *Prijedor*

Vlastoručni potpis:

Cvjetko Popović

Doba: *22 godine*

Stas: *srednji*

Lice: *duguljasto*

Vlasi: *tamnosmeđe*

Čelo: *obično*

Oči: *smeđe*

Nos: *primjeran*

Usta: *naravna*

Osobito obilježje: *—*

Gorenavedeni je uslied odredbe narodnog vieća u Sarajevu od danas, broj 1310 prez. na slobodi pušćen.

Ravnateljstvo glavne kaznione

u Zenici, dne *4 novembra* 19*8*.

Ravnatelj:

Ослобођење

У време пре почетка расула фронтова и распада Аустро-Угарске, брат Бранко био је на одсуству код сестре у Приједору. На повратку за фронт свратио је у Зеницу и посетио ме. То је била прва и једина посета за време мога тамновања. Од њега сам дознао да нам је за време рата умро најстарији брат Душан. Стање на фронтовима у 1918. години одражавало се у држању кључара и целе Управе према нама. Дисциплина није више била ни налик на ону из 1914. и 1915. године. Само они најгори стражари држали су се још увек „службено", али не онако осионо и безобразно као пре нашег одласка у Аустрију. Од неких стражара дознали смо како је напољу и на бојиштима. Како је за оне из бањалучког процеса било напољу организовано додавање хране (писама, новина) преко поузданих стражара, то смо, с времена на време, и ми понешто добили. У томе је био оригиналан Паво Добреновић. Он би нагло отворио ћелију вичући да се све орило по стакленој кући: „Шта мислиш ти где си? То се овде не смије радити", или би викао нешто слично, а при томе би ставио на сто пакетић са храном или новине. Из ћелије би изишао са претњом да ће ме одвести на рапорт, ако се то понови. Све је то чинио само да би други кажњеници чули како је он строг према нама. Тако смо живели у сталном ишчекивању нових догађаја. По свему се видело да је крај рата близу. Знао сам да се за имендан цару Карлу (4. новембра) спремало помиловање политичких кажњеника. Али већ увече, уочи 1. новембра 1918. г., почеше стражари да отварају ћелије осуђених у бањалучком процесу. Кад су дошли до Васине и моје ћелије (биле су једна за другом) нас прескочише. Значи, ми нисмо ушли у комбинацију за помиловање. То смо нас двојица одмах куцањем у зид утврдили. Васо ме је тешио да ћемо и ми сигурно за дан-два бити пуштени. Иво Крањчевић у својим „Успоменама” (стр. 151 – Сарајево 1954) каже да је тада пуштен и Цвијан Стјепановић. Ја се тога не сећам, али сумњам да је Ивино сећање тачно. По догађајима, напољу, видело се да се приближава крај рата, дан наше победе и слободе. Слом Аустро-Угарске Монархије био је очигледан, али ми у затвору још нисмо знали развој догађаја. А у Сарајеву је Народно вијеће под председништвом Глише Јефтановића, прогласио 26. октобра 1918. г. ослобођење и уједињење Срба, Хрвата и Словенаца као свршен чин, а 31. октобра Шћ. Грђић, Ј. Сунарић и Х. Храсница одлазе поглавару земље Саркотићу и траже да им преда сву војну и цивилну власт. На питање делегата Народног вијећа да ли се политички кажњеници у Травнику и Зеници могу пустити на слободу, Саркотић је одговорио да могу, пошто је он уверен да је цар усвојио његов предлог о њиховом помиловању и зато није потребно да се чека 4. новембар. На дан 1. новембра, у име Народног вијећа, власт у Босни и Херцеговини преузима Народна влада под председништвом Атанасија Шоле, пуштеног дан раније из затвора (као и чланови владе Васиљ Грђић, Стеван Жакула и др.)

О свему овоме нас четворица осуђених због Сарајевског атентата нисмо још ништа знали. Али већ оно пуштање осуђених у бањалучком процесу, четири дана пре Карловог имендана говорило нам је много. Сутрадан (1. новембра) даде ми један стражар цедуљицу од др Предрага Кашиковића, који је синоћ пуштен из затвора. Јавља ми да је у Сарајеву образована Народна влада у којој је Атанасије Шола изабран за председника, Стеван Жакула за народну одбрану, Шћепан Грђић за исхрану итд. На крају је писао да се нас четворица стрпимо док не стигне наређење из Сарајева да се и ми пустимо. Погледам стражара, а на његовој капи уместо раније службене аустријске кокарде стоји комбинована српска и хрватска тробојница. У први мах сасвим се збуних и ништа одређепо нисам мислио. Кад се мало прибрах, у мени све узавре. У Сарајеву Народна влада, а ми лежимо у затвору! Па ово је луда кућа – и почех снажно ногом лупати о врата да се сва стаклена кућа орила. Слетеше се стражари. Тражио сам да ме воде директору. Са мном пође и Васо. У канцеларији нађосмо директоровог заменика Мотичку, заповедника страже. Онако узрујан упитах зашто нас не пусте на слободу кад знају да је у Сарајеву Народна влада. Да би ме умирио, он поче доказивати како они не смеју ништа учинити на своју руку, они су само чиновници, очекују наређење које ће можда већ сутра стићи итд., итд. Иако сам увидео да је у праву, ипак ми је све изгледало глупо и жалосно. Довољно је било да се сетим да земљом управљају иаши људи, а ми седимо у ћелији, па да ми од жалости и горчине потеку сузе на очи. Зар смо морали и то доживети! Кад ни трећег дана не стиже никакво наређење да нас пусте на слободу, почех озбиљно размишљати да се обесим. Та четири дана у затвору под Народном владом била су ми тежа, него четири године и четири месеца под туђином, и никад их нећу заборавити. Узалуд нам је директор дозволио да цео дан можемо лежати на кревету и шетати кад нам је воља, нама ннје било до шетње у кругу казнионичких зидова. Чули смо и манифестације у граду и пуцњаву војника из возова, који су се после распада фронта журили да што пре стигну својим кућама.

Кад је у понедељак, 4. новембра пред вече, дошао Мотичка да ми честита слободу, ја се нисам ни подигао са кревета на коме сам лежао, нити сам му ишта одговорио. Он се нађе у неприлици. На његову молбу да се спремим и пођем, одговорих: „Нећу! Хоћу да останем овде и одлежим до краја своју казну.” Он онда оде у Васину ћелију и брзо се врати заједно са њим. Тада Васо поче да ме убеђује да не треба да се инатим. Нису они у Сарајеву од важнијих и хитнијих послова могли одмах да мисле и на нас, а Мотичка додаде да су телеграфске и телефонске жице на неколико места биле пресе-

чене војничким мецима, па се није могло ни теле-
фонирати ни телеграфисати. Потпуно апатичан,
дигох се и спремих, те одосмо у дирекцију. Ту за-
текосмо Иву и Цвијана, који су остали у главној ку-
ћи, кад смо се ми вратили у стаклену кућу. Обукосмо
наша одела, сва изгужвана од лежања у магацину.
Директор Јосип Пожар нам одржа некакав говор и
затим се са сваким руковао и честитао нам слобо-
ду. За њим су се повели и други присутни чинов-
ници, па су се и они руковали и честитали нам. Кад
ми је приступио учитељ Хофбауер да и он честита,
ја му рекох: „Са таквим се ја не рукујем." Он се
збуни, поцрвене, нешто промрмља и удаљи се из
канцеларије. Донесоше нам и ствари које су се за-
текле код нас у време хапшења. Тражио сам да ми
донесу ону свеску и оптужницу на којој сам имао
извесне забелешке. Нису могли наћи ни једно ни
друго. После ми је било криво што се не сетих да
замолим директора да упита учитеља Хофбауера
шта је урадио са мојом свеском.

Оставимо казниону и ту ноћ преноћисмо у
стану једног стражара. Сутрадан смо стално били
око железничке станице. Чекали смо први воз који
наиђе за Сарајево, јер о некаквом реду вожње није
било ни говора. У Сарајеву сретосмо Василья Грђи-
ћа и он нас смести у хотел „Европу". На ово ме по-
дсети Иво, а ја сам био то сасвим заборавио. Тек
сада у Сарајеву, обилазећи стара позната места,
осетих да сам опет слободан.

У среду, 6. новембра после подне, био сам на
железничкој станици да дочекам српску војску.
Пронео се глас да не долазе Срби, већ Французи.

Кад се војници, опаљена лица, појавише у ратним, нама непознатим униформама и шлемовима, ми заиста поверовасмо да су Французи и почесмо клицати: „Vive a France!" – На то ће један војник из колоне: „Ма какви Французи, ми смо Срби!" – Тешко је описати шта је тад настало. За трен ока народ се измеша са војницима, наста грљење, љубљење, и плакање од радости. Задуго старешине нису могле да успоставе ред. Целим путем до града одјекивала је песма и клицање српској војсци, краљу Петру и савезницима.

Пошто сам био без икаквих средстава, одох до председника владе А. Шоле да молим за помоћ. Он ме упути Шћепану Грђићу, који је руководио исхраном. Овај ми рече да нема више ни извозница ни новца. Ја му одговорих да извозницу не бих примио и да има, јер сам већ био чуо какве су се све прљавштине одигравале с њима и ко их је све добијао. Наиме, извознице су већином гласиле на извесну количину камене соде у Лукавцу код Тузле, па ко их добије, одмах их за добре паре уступи трговачким шпекулантима. – У овој незгодној ситуацији обратим се свом бившем професору Стеви Марковићу, као председнику Фонда за помагање учитељске сирочади. Како ми је отац био учитељ, добијем из Фонда осамдесет круна и одем да се обријем и подшишам. Изишавши из бријачнице, нађох се на Кеју, хтедох из коверте у којем је био добивени новац, да нешто одвојим за дневни трошак, кад од коверта ни трага. Или ми је негде испао, или га је неко извукао. Тако и даље остадох без новца. Помагали су ме пријатељи.

Заборавио сам како је дошло до тога да на ра-
чун, ваљда, Народне владе сва тројица добијемо
кратке зимске капуте и шешире. За успомену на те
дане сликали смо се у тим новим капутима и ше-
ширима. Пријавили смо се у новоосновану Наро-
дну гарду, која је одржавала ред и чувала државну
имовину: разне магацине, на железничкој станици
дрва, угаљ и др. Као гардиста становао сам у бив-
шем интернату православне богословије код Сабор-
не цркве. Пошто смо нас тројица знали немачки,
одредише нас на железничку станицу. Ту смо заје-
дно са станичном стражом српске војске дочеки-
вали и претресали возове с немачком војском која
се повлачила из Албаније. Имали смо наређење да
им одузмемо све сем оружја. Одузете ствари већи-
ном су биле опљачкане од становништва из крајева
где се ова војска задржавала. Оружје нисмо одузи-
мали, јер смо се бојали отпора, а ми нисмо имали
на станици довољно војске. Али зато су им у Сла-
вонском Броду одузимали, без изузетка, све оружје.

После неколико дана, кад се стање донекле сре-
дило и безбедност појачала, Васо и ја кренусмо сво-
јим кућама. Ишли смо возом преко Јајца. У возу нам
је било хладно јер су прозори били поразбијани. Са
нама је путовао познати социјалдемократа Ластрић.
Са њим је Васо одмах отпочео политичке разговоре
о нашој новој држави, политичким партијама, наро-
чито о будућој политици социјалдемократске пар-
тије. Захваљујући Ластрићу и његовом познанству
са гвардијаном, ми смо у Јајцу у католичком мана-
стиру били почашћени одличним црним вином и

прворазредним мезетом. Више се не сећам како смо стигли до Бање Луке, Јер редован аутобуски саобраћај још није био успостављен. У Бањој Луци се растадосмо, Васо оде аутобусом сестри у Дубицу, а ја возом сестри у Приједор.

Ра-Де-На

Још док сам био у Сарајеву, одлазио сам иа неколико састанака одржаваних у стану Милана Будимира (Ћемалуша 17, данас Маршала Тита ул.). На те састанке долазили су већином предратни напредни студенти. Ту смо расправљали о потреби организације и раду напредне омладине у нашој новој држави. За наш покрет усвојено је име ,,Радикално демократска напредна омладина", скраћено ,,Ра-Де-На". Дискутовало се о програму, правилнику, организацији, о потреби покретања часописа итд. Резултат тога рада било је иступање ,,Ра-Де-Не" као самосталног покрета и ступање у политичку борбу. Покренута је културно-социјална ревија ,,Ново дјело", 15. новембра 1918. г. Краћи уводни чланак имао је наслов: ,,Мјесто програма", из којег допосим неколико карактеристичних места: ,,Иступамо као преостали репрезентанти једне радикално-демократске омладинске генерације која је гажена и уништавана у борби за своје идеале, а која, и као недовољно организована, представља још увијек једног носиоца јавног мишљења и као про-

167

дукат елементарних особина јужнословенске расе има у народу много јаких претпоставака. Наше је политичко становиште: народ СХС афирмовао се се као једна јединствена нација по својим расним предиспозицијалга: крви и језику, по својим традицијама, геополитичким и економским интересима; доказао је да је по својим моралним, интелектуалним и физичким особинама способан да унесе нове елементе у културни свијет...

Дошљедно нашем народном демократизму потребно је да у унутрашњој конституцији нашег народног друштва престану и све социјалне разлике, које су пошљедица дугог историјског развоја што је био диктован највише силама споља... Да дође до потпуног изражаја народне и личне афирмације, сматра Јужнословенска радикално-демократска омладина да је потребно да се популарише и ојача активни национални тип, тј., онај друштвени тип, који по својим моралним, интелектуалним и радним особинама друштву даје више неголи узима. То је принцип социјалне вриједности, који уноси конзеквентно у своју идеологију и свој рад.”

Као што се види, заносили смо се да наставимо онде где смо 1914. г. стали. Иако нам се крајем 1918. г. прикључила и група око „Отаџбине” са др Живком Његићем на челу, иако смо у „Новом дјелу” разрадили конструкцију Јужнословеиске државе, донели нацрт свога програма, предложили нацрт закона о решењу кметског питања, покренули лист „Словенски југ” ради пропаганде и обавештавања шире јавности о раду нашег покрета, са седмичним прилогом „Глас народа” – све је било узалуд. У прегањању политичких странака, у извесном самозадовољству ширих маса што је рат престао и настала слобода, у настојању да се што брже и боље обезбеди властита егзистенција, ми смо са нашом идеологијом били праве беле вране. Нисмо се могли уклопити у стварност, тачније, та нас стварност није примила, није схватила, а камоли помогла. То су били немоћни трзаји једне генерације за коју др Јово Зубовић рече да више није спадала у садашњост, него у историју („Наша предратна омладина”, стр. 224 – Нова Европа, 26. октобар 1926 – Загреб).

Последњи број „Новог дјела” изишао је 2. априла 1919. г., а „Словенског југа” 19. априла 1919. г. са уводником: „Под савијеним заставама”, у коме, између осталог, стоји: „Данас се повлачимо. Одричемо се практичне политике: одричемо се самосталног рада у народном представништву и самосталне политичке штампе. Одричемо се зато јер је то потреба и јер то морамо... Шаљу нас да радимо културно, да тамо далеко од политике развијемо своје људе, свој актив ни тип.”

Ослобођење Сарајева

ДЕО ДРУГИ

Прилог I

K. и. K. Gendarmeriekorps
fur Bosnien und die Hercegovina
2. Flugel, I. Zug, Bezirkposten Zenica
Rec. број 181

Мандић Илија прист. пом. уреда
вршење његове службе није посве
од сумње искључено.

КОТАРСКОМ УРЕДУ ЗЕНИЦА

Зеница, дне 6. јула 1914.

Оружничке патроле које службу на станици врше тј. прегледавање особних влакова на овдашњој жељезничкој станици предузимају, јављају да се некоји путници српске православне вјероисповести који из Сарајева у Брод путују, а овдје буду заустављени оправдавају, нас је господ. полицајни комесар Илија Мандић прегледао, пак нам је казао да је све у реду и да можемо путовати.

Упадни су ти изговори путника као и поступак тог чиновника тим више, што се је овдје гдје врло мало времена на контролу путница будућ влак мало стоји имаде установило, да нису такови људи путнице уза се никако или пако мањкаву такову имали.

Од главних такових случајева могу навести заустављеног Цвјетко Поповић, који се је особито истицао како га је Мандић у реду пронашао, а ипак га је постаја поради мањкавости путних исправа и ради сумње учестништва код атентата зауставила и горњем уреду предати морала.

Лесковар,

Прилог II

ДРЖ. АРХИВ НРБиХ – IV – 15 – 11   Препис

Днев. број 295/1
Дне 8. јула 1914.
Почетак у 3 сати по подне.

У име Окружног суда у Сарајеву у узама посадног суда.

КРИВИЧНА ИСТРАГА:

против ГАВРИЛА ПРИНЦИПА и др. ради злочина уморства.

Назочни:
од суда:
судац судски тајник Пфсфер, перовођа судски присл. Др. Шутеј, судски свједок Антон Пивец

од странака:
Цвјетко Поповић окривљеник

Предмет:
Преслушање споменутог окривљеника.

Опоменут да на питања, што ће му се ставити, говори одређено, разговјетно и истинито, одговара окривљеник:

I. на опћа питања:

1. Име и презиме, име оца и надимак: Цвјетко Поповић син Ђурин,
2. Доба: 18 година
3. Мјесто рођења: Прњавор,
4. Пребивалиште: Земун,
5. Надлежна опћина: Бежанија код Земуна,
6. Вјсра: православни,
7. Сталеж (ожењен, неожењен, удовац): неожењен,
8. Број и године дјеце: %
9. Обрт или занимање: ђак,
10. Да ли је у каквој јавној (почасној) служби: %
11. Имање: %
12. Да ли је писмен: јест,
13. Да ли је школован и коју је школу похаћао:

III разред препарандије,

14. Одликовања: %
15. Да ли је подвржен војној дужности:%
16. Да ли је порочан или непорочан или у криви-чној истрази: непорочан.

Поучен о праву да си може узети брани-
теља и у претходном поступку (% 47. к. п.)
одговара окривљеник:

Бранитеља за сада не требам.

   II Надаље одговара он на посебна пи-
тања:

Крив јесам.
Бити ће година дана што сам ја био под истрагом
са Пјанићем и друговима ради велеиздаје, те сам
већ онда имао начело, да су Срби и Хрвати један
народ, да би се они морали ујединити, сами собом
владати и ослободити се њемачког уплива. Биће је-
дно осам мјесеци да сам се упознао међу ђацима и
са Васом Чубриловићем, ну с њиме сам се слабо
дружио, ну око 20. маја, знам да је било једног пе-
тка, срео сам се са истим Чубриловићем и најприје
смо се разговарали о обичним стварима, затим смо
стали разговарати о доласку престолонасљедника
Фердинанда и како о томе пишу новине. Он је на
то рекао да би га требало дочекати. Под речју до-
чекати, разумјевао сам да би требало направити
атентат. Чубриловић ми је на то казао да је он на-
канио атентат извести, али да треба за то једиог дру-
га. Ја сам му рекао да ћу му ја бити другом.

Је ли ти казивао да имаде још другова, те
да се уопће спрема да се почини атентат.:

Ја нисам за никога знао, него за Илића Данила, како ћу касније навести.

Кад сам Чубриловића питао камо ствари за атентат, рекао ми је да се ја за то не требам бринути.

Ја сам се више пута срео са Чубриловићем и питао га како ће се то извести, ну он ми је увијек рекао да се ја не бринем, да ће се све то уредити, само ми је рекао да ћемо атентат починити бомбама и револверима, те да ће нам то прибавити Данило Илић.

На питање:

Мени Чубриловић није казао откуда ћемо добити бомбе, односно, откуда ће доћи, а мислим да ни он није знао.

Ја Илића познам већ од пре три године кад сам био у првом годишту препарандије, а он је био у четвртом годишту, ну ми се нисмо никад дружили и разговарали, све до оне суботе прије атентата.

У петак или суботу прије подне, прије атентата, рекао ми је Чубриловић да у суботу око 3 сата по подне дођем на Бендбашу, а није рекао на које мјесто, те сам ја био тамо први дошао, а кашње су дошли Чубриловић и Илић.

Онда смо пошли у онај парк гдје се налази купалиште и ту су у један заход отишли Чубриловић и Илић гдје је Илић Чубриловићу дао бомбу и револвер, што ја нисам видио, ну они су ми рекли, а ја сам био пошао напријед да се не би шта опазило. Онда смо пошли сва тројица према митници до првог тунела, гдје је мени дао Илић бомбу, коју до онда никад видио нијесам и показао ми је како се иста одшрафи. Затим ми је рекао да се са капслом који се налази под шарафом удари о какав тврди пред- мет, затим да већ према приликама треба бомбу ба- цити и то, ако је аутомобил ближе, да треба бомбу држати у руци једно 5 секунди, јер она експлодира за једно 10 секунди.

Затим ми је дао један бровнинг-пиштољ, чини ми се од 9 мм, и показао ми је како се отвори кочница, која се с краја налази, кад се хоће да пуца, те ми је показао како се пуца, и испалио један хитац. Рекао ми је да у револверу има 7 патрона, а пошто је је- дну опалио, остало их је 6.

Он је дао мени набит револвер, те ја уопће и не зн- ам како се из тог револвера ваде и међу патроне, јер нам то није показао. Како смо из новина знали куда ће и у који сат престолонасљедник у аутомо- билу пролазити, то нас је Илић упутио да ми на коју дочекамо престолонасљедника кад се буде возио у вијећницу, те да се поставимо између препаранди- је и Димовићеве канцеларије, али не заједно, већ један од другога размакнути. Илић нам је рекао нека бацимо бомбу, а онда нека се из револвера убијемо, а ако нам то не успије, да се отрујемо цијанкалијем.

На то смо пошли заједно до вијећнице гдје смо се растали.

Увече састали смо се у Чекалуши ја, Чубриловић и Иво Крањчевић, јер смо ми свако вече онуда шетали.

На питање:

Јесу ли теби Илић и Чубриловић казали
да ће бити још другова и је ли Илић
казао да ће и он атентат починити.:

За друге другове ми нису ништа рекли, а и за Илића
ја нисам знао да ће код тога судјеловати, јер сам
уопће мислио да ћемо ја и Чубриловић сами атентат
починити. Крањчевића познам кад смо били у првој
препарандији заједно, затим је био отишао друге
године некуд у Приморје у препарандију, и то у
Кастав, а ове године свршио је овдје II разр. трговачке
академије, те сам се с њиме чешће дружио и видио
сам да има иста начела као и ја.

Ми смо – ја и Чубриловић, Крањчевићу све помало
исприповиједали да ћемо ми два починити атентат
и у суботу навечер, кад смо шетали, рекли смо му
ја и Чубриловић да смо добили бомбе и револвере,
али нисмо рекли од кога.

Ја Крањчевићу бомбе и револвер увечер нисам
показао, јер нисам код себе ни имао, јер сам бомбу
и револвер био прије тога код куће метнуо у џепове
једног мог старог капута, који је висио на чивилуку
у мојој соби.

Ја сам, наиме, становао код Видосаве Мацановић, а
са мном су, истина, становала још два колеге и то:
Момчило Мичетановић, ученик II годишта трговачке
академије из Дервенте, те Лазар Антешевић, препа-
ранд из Прибинића, чини ми се котар Бањалука, те је
први отишао из Сарајева још 18. јуна, а други је оти-
шао 23. или 24. јуна, и то први је био добио допуст,
јер је био болестан, а други је морао отићи, јер им

се читало у школи да морају чим прије отићи из Сарајева. Ја њима за атентат нисам ништа говорио и они за то нису ништа знали.

Кад смо се у Чекалуши, како сам рекао, увече шетали, донио ми је Чубриловић цијанкалиј, замотан у комадић папира, од чега сам си ја узео један комад и замотао га у цигарет папир.

То ми је дао Чубриловић прије него је дошао Крањчевић. Том приликом је Чубриловић казао Крањчевићу да га иза атентата дочека у Терезији улици код пријашње ватрогасне касарне, гдје ће му дати оружје, ако му преостане иза атентата или ако не би учинио атентат, те да му Крањчевић то сакрије, на што је Крањчевић рекао да ће се он за то побринути.

Након шетње растали смо се и пошли сваки својој кући.

На сходно питање:

Далије још који други од наших колега за тај атентат знао ја не знам, јер ја нисам опазио да би који за то знао, а нисам никоме за тај атентат ништа рекао.

Познаш ли ти Лазара Ђукића и Бранка Загорца и да ли су они знали за тај атентат:

Ја њих обојицу познам, но с њима сам се мало дружио, те да ли су они за атентат знали, ја не знам, јер ја тога нисам рекао.

Ујутро, кад сам ишао од куће, одшарафио сам путем бомбу, коју сам носио у десном џепу, те на углу Лугавине и Карпузове улице, гдје су неке дрвене тарабе, које ограђују неко градилиште, бацио сам ту стојећи у Лугавини шараф од бомбе гдје би се могао и наћи.

Антон Пивец (нечитљиво). Установљује се да је поменути свједок послан на окружни суд с упутом да један судац истражитељ са прописно састављеним записником пронађе горе споменути шараф.

Затим сам отишао у Филиповића парк гдје сам дошао око 7 и по ујутро и сједио сам до једно 8 и по, затим сам пошао шетати на Кеј и шетао сам између Фрање Јосипа улице и Чумурије улице уз куће, па сам се ту срео са препарандистом II год. Мехмедом Звоном, у којега сам видио школски наш извјештај, па сам отишао у препарандију и ту сам подигао свој извјештај и састао се са Војиславом Богићевићем и Љубомиром Бабићем, оба препарандисте из Сарајева, те смо сви заједно отишли, а Љубомир Бабић је од нас отишао не знам куда, дочим сам ја и Богићевић стајали на углу Чумурије улице и кеја, кад су управо ишли аутомобили. Најенданпут сам чуо како је нешто пукло и у први мах мислио сам да је то револвер и кад сам погледао у правцу гдје је то пукло, видио сам да крај жељезне телефонске штангле стоје, чини ми се, два момка, које ја нисам могао познати, јер сам кратковидан, те не видим с једне стране Кеја на другу, а замало чуо се прасак бомбе, те сам уопће мислио да је ту бомбу бацио Чубриловић. У исти мах пролазио је крај мене сасма полагано аутомобил надвојводе и у њему се неко подигао, те сам ја врло лако могао бацити бомбу да сам хтио, али нисам имао енергије, а за што нисам имао енергије, то ја не знам. На то се скупио силни свијет, који је стао бјежати, па ме је свјетина занијела у Чумурију улицу. Ту сам ја зашао у двориште куће гдје је Просвјетни савјет, те сам гласом приложеног нацрта, што сам га сада сам начинио, ушао у кућу код точке 1, а затим на подрумска врата код точке 2, и онда кроз басамаке код точке 3 и сишавши низ басамаке бацио сам код точке *а* цијанкалиј, замотан у цигарет-папир, а унутра у подруму крај точке б метнуо сам бомбу и револвер, а затим сам изашао ван. Сва су та врата била отворена, те сам ја ту ушао само насумице, акопрем ја ту прије никад нисам био. На то сам отишао кући и сутрадан сам ходао по Сарајеву, те сам дознао тек код ручка у недјељу од других ђака да су престолонасљедник и његова супруга погинули, те да их је убио Принцип, а бомбу да је бацио неки Чабриновић, те сам ја држао да људи изговарају криво име, пошто сам у себи држао да је то Чубриловић, па сам ја још ђацима рекао да сам ја чуо од људи говорити да је ту бомбу бацио Чубриловић, а на то ми је неки матурант гимназнје Гјургјевић, кога поближе не познам, рекао да то не може бити, јер да је он Чубриловића послије тога на улици вндио, а онога што је бацио бомбу да је полиција ухапсила, кад је био скочио у Миљацку. У понедељак по подне отишао сам Иви Крањчевићу, који ми је казао да је бомбу и револвер Чубриловићев спремио, али ми није казао гдје. На то смо нас двојица ишли шетати све до болнице, те сам Крањчевићу рекао да сам ја сакрио бомбу и револвер у подруму Просвјетног савјета. Код болнице срели смо се са Чубриловићем и само се с њим мало поздравили и растали, јер га је његова родбина дозвала и није му дала шетати. Та родбина биле су две-три женске, ну које су, ја то не знам.

30. VI кренуо сам пут Земуна, гдје ми је отац умировљени школски управитељ, но у Зеници су ме зауставили оружници и затворили ме, јер нисам имао путну исправу, већ само свједоцбу првог полугодишта и пустили су ме тек 4. VII, а 5. VII ујутро стигао сам у Земун, гдје би био стигао 4. VII увечер, али нисам знао да морам у Винковцима изићи, па сам зато кренуо преко Суботице и кад сам дошао кући, казали су ми комшије да ме је тражио један редар и један господин. Како сам у Зеници био добио пропусницу, с којом сам се морао јавити у Земуну, то кад је дошао отац кући молио сам га да ме он пријави, а ја сам легао спавати, јер сам био уморан.

Међутим, мало касније се вратио мој отац, који ме је одвео у котарску област, гдје су ме стали испитивати и ја сам одмах све записнички признао. Сведоцбу другог полугодишта послао је мој разредник мом оцу, а свршио сам с одликом, те сам ја до сада у школи био увијек одликаш.

Ми ђаци III годишта препарандије били смо 15. јуна отишли с професорима на екскурзију у Дубровник и Трст, а кад смо се 23. VI вратили у Сарајево узела ми је полиција легитимацију као и свима другима ђацима, те ми је било речено да морам сутрадан доћи у собу број 12 по ту легитимацију, ну *ја* по њу нисам ишао, јер је то стара легитимација за год. 1912/13, која ионако није вриједила.

На упиш: Зашшо си ши ишио починиши атентат на престолонасљедника:

„Зато јербо се прогањају Славени у Аустро-Угарској."

Шта си хтио с тиме постићи?
„Изразити негодовање."

Па зашто си баш престолонасљедника хтио убити?

Ја на њега као особу нисам мислио, јер је он, дапаче, био склон Славенима, како сам читао у неким новинама.

Да ли се кајеш што си то хтио починиши?

Кад нисам починио, немам се шта кајати.

Ако ниси знао откуда су бомбе, шта си ти мислио откуда су оне добављене?

Ја уопће нисам мислио на то откуда су те бомбе, а нисам ни питао, нити су ми то рекли Чубриловић и Илић.

Проти теби завађам предистругу због злочина сукривње у злочину уморства, који је изведен на престолонасљеднику Фердинанду и војвоткињи Хохенберг означеног у 9, 209, 210, точка 1. к. з. Уједно одређујем проти теби редовити истражни затвор у смислу %189, 184. точка 2,3 и последња к. п., проти чему се можеш притужити на окружни суд.

Примам на знање и не притужујем се
Цвјетко Поповић, с. р.

п. п.
Закљ. и потп.
Пфефер, с. р.
Др Шутеј с. р.

Настављено 1. септембра 1914. присутни потписани.

Предведен буде из уза окривљени, те након предочења књига и списа, што су код њега пронађеним очитује Ad 1 брошура са насловом „Лаж парламентизма":

Ту књижицу купио сам у књижари Ђурђевића у Ферхадији улици.

Какова је то библиотека „Ослобођење?"
Ја не знам за ту библиотеку.
Ја сам ту књижицу опазио у излогу Ђурђевићеве књижаре и купио је.

Познате ли Ви Н. Шмитрана?
Не познам.

*Како Ви схваћате слику која се налази
на првој страници те књижице?*
Тумачим као ослобођење од клерикализма и милитаризма.

*Ad 2 – Изванредно издање „Освита" у
Мостару од 11. рујна 1898.*

Тај „Освит" сам добио чини ми се од колеге Војислава Богићевића приправника III год. у Сарајеву.

Ad 3. пјесме „Устајте браћо" и друге:

Пјесму „Херцег Босно мила" итд. чуо сам од србијанских сокола, кад су били год. 1912. на слету у Сарајеву, па сам их од њих прибиљежио.
Том згодом је била и прослава „Просвјетине" десетогодишњице.
Та пјесма се јавно у Сарајеву том згодом пјевала.
Друга пјесма „Падајте, браћо, плинте у крви", је

пјесма Ђуре Јакшића, српског пјесника, а исписао
сам је из његових пјесама.
Остале сам пјесме преписао већином из пјесмари-
це „Лира”, која је, чини ми се, изишла у Новом Саду.
Цвјетко Поповић с. р.

п. п.
Закљ. и потп.
Др. Шутеј с. р.
потпис нечитљив

Настављено 2. септембра 1914. присутни потписани:

*Предведен буде из уза окривљени, те на
упит ad 4 и 5: Пјесме Миливоја Павло-
вића очитује:*

Ја сам од књижаре Ђурђевића купио пет комада
тих пјесама са намјером да их распарчам међу ко-
легама.

*Па зашто сте хтјели да их распарча-
вате ?*

Зато јер је то наша националистичка библиотека.

*Која је сврха те националистичке
библиотеке?*

Да шири национализам међу Југославенима.

Тко уређује ту националистичку библиотеку?

Ја мислим Владимир Черина и Милистислав Бартулица. Ја њих двојицу на познам лично, само знам да њих двојица сурађују у свим националистичким листовима.

Ad 6. Пангерманизам.

Ту књигу сам купио такођер у књижари Ђурђевића.

Ad 7. „Наш највећи јунак" од Милана Прибићевића.

И ту сам књигу купио у књижари Ђурђевића.

Ad 8, 10, 13–18.

Ове сам све књиге купио у књижари Ђурђевића.

Ad 9. „Из отаџбине" од Петра Кочића

Ту сам књигу купио у Кајоновој књижари.

Ad 11. проглас са насловом „30 травањ 1671."

Тај проглас је издала националистичка омладина у Загребу на дан годишњице погибије Зринског и Франкопана.

Како је тај проглас дошао у Сарајево и тко га је послао, то ја не знам.

Мени је дао једно три-четири такова прогласа Перо Ђенеро ђак I разр. трг. академије у Сарајеву, а иначе је из Дубровника.

Откуд их је он добио, то ја не знам, али мислим свакако из Загреба.

Од тих мојих прогласа узела су ми у школи два прогласа двојица мојих колега и то једнога мислим Ибрахим Фазлиновић препаранд III год. у Сарајеву, родом, чини ми се, из Љубушког, а другог се не могу да сјетим. С којом тенденцијом су ти прогласи послани из Загреба, то ја не знам.

Ad 12. Говор дра Јосипа Смодлаке: „Јужни Словенци у монархији".

Тај говор сам си изрезао из „Српске ријечи".
Подвучена мјеста у књигама сам ја подвлачио и то зато што држим да је на тим мјестима добро речено.

Да ли ви познајете лист „Нови Србин".

Познам га и читао сам га.

Излази, мислим, у Панчеву, а уређује га Васа Стајић, бивши професор у Новом Саду, а сада уредник. У Сарајеву је био повјереник „Новог Србина" Душан Марјанац, препаранд III године, иначе родом из Вагана код Јајца. Колико је бројева „Новог Србина" добивао и колико је претплатника било, то ја не знам.

Цветко Поповић с. р.

п. п.
Закљ. и потп.
Др. Шутеј с. р.
потпис нечитљив

Настављено дне 18. септембра 1914. Присутни потписани

Предведен буде из уза окривљени, те на питања очитује: након предочења нацрта днев. бр. 1155.

Када су аутомобил са пријестолонасљедником ишли према вијећници, стајао сам ја код точке 8, то јест, на углу Чумурије улице и quaia.

Цветко Поповић с. р.

п. п.
Закљ. и потп.
Секса с. р.
Пфефер с. р.

Цветко Поповић

ЦВЕТКО ПОПОВИЋ

Аутор ове књиге Цветко Поповић рођен је 1896. године у Прњавору. Отац Ђуро био је учитељ, па је због тога често мењао место боравка. Цветко је одрастао у Бањалуци, где је завршио основну школу и четири разреда Велике реалке, а у Сарајево је дошао 1911. године, где је уписао Учитељску школу (препарандију). Више пута био је хапшен због чланства у напредним ђачким и студентским организацијама, да би га у мају 1914. Васо Чубриловић позвао да учествује у атентату на Франца Фердинанда приликом његове посете Сарајеву. Цветко је прихватио, примио касније од Чубриловића бомбу и револвер и на Видовдан стајао на Кеју поред Миљацке, спреман да убије аустроугарског престолонаследника. Није добио прилику, јер је, пре него што је колона наишла на њега, Недељко Чабриновић бацио бомбу на аутомобил у коме је био Фердинанд, али се бомба откотрљала и ранила више особа у колима иза и међу посматрачима. Због тога је свечана поворка прекинута и прилика за атентат на месту на коме је Цветко био била је пропуштена. Цветко је, касније, у истрази, рекао да у одсудном тренутку „није имао енергије" да изврши атентат. Ухапшен је недељу дана касније у Земуну, где је намеравао да се склони и где му је тада боравио отац. Осуђен је на тринаест година тешке тамнице, пооштрене сваког 28. јуна тврдим лежајем и самицом у мраку. Казну је издржавао прво у Зеници, а после је, са другим завереницима, пребачен у Мелерсдорф код Беча.

Преживео је рат заједно са Васом Чубриловићем. Од атентатора и завереника, који су били осуђени на временске казне, сви остали су умрли пре краја рата, због тешких услова у затворима, слабе исхране и континуираног мучења и малтретирања. Последњи од њих је умро Гаврило Принцип 28. априла 1918. године. Цветко је службовао као професор у више школа у Србији. Од 1946. до пензионисања 1962. био је управник Етнографског музеја у Сарајеву, писао за часописе, објавио неколико књига и уџбеника, писао за лист „Политика“. Прво издање његове књиге „ Сарајевски Видовдан 1914. “ издавачко предузеће „Просвета“ објавило је 1969. године, за његовог живота. Његово име појављује се, у различитим изворима, као Цвјетко и као Цветко. У оптужници и записницима са истраге поводом атентата, у многим документима, у Архиву Републике Српске, у књизи др Драгослава Љубибратића „Млада Босна и сарајевски атентат“ (издање Музеја града Сарајева – за његовог живота) и у још неколико других књига, појављује се као Цвјетко, што је, на неким местима, задржано и у првом издању ове књиге (издање „Просвете“), док се у књизи Владимира Дедијера „Сарајево 1914“ и у делу „Просветиног“ првог издања његове књиге користило име Цветко. Умро је 7. јуна 1980. године у Сарајеву. Од учесника атентата надживео га је једино Васо Чубриловић, који је умро 11. јуна 1990. у 93. години.

Д.М.

САДРЖАЈ

Захваљујемо се Милени Шећеровић, која нам је
„открила" ово старо „Просветино" издање.

Цвјетко Ђ. Поповић
САРАЈЕВСКИ ВИДОВДАН 1914
доживљаји и сећања
друго издање

Уредник
Драган Миленковић

Графички уредник
Драгана Ристовић

Коректура
Драгана Маслек

Издавач
ИП „Просвета" а.д. Београд
у реструктурирању
Београд, Кнеза Михаила 12

За издавача
Драган Миленковић
в.д. генералног директора

Штампа
Графичар – Ужице

Тираж 500 примерака

ISBN 978-86-07-02057-7

Издавање ове књиге је помогло
предузеће „ЈОМИЛ" д.о.о.
Београд

Фотографија на предњој корици:
Цвјетко Поповић у затвору

Фотографија на задњој корици:
Разгледница старог Сарајева

CIP – Каталогизација у публикацији
Народна библиотека Србије, Београд

329.73:929 Поповић Ц.
94(497.15)"1914"
94(497.15)"1908/1919"

ПОПОВИЋ, Цвјетко Ђ., 1896-1980
Сарајевски Видовдан 1914 : доживљаји и сећања / Цвјетко Ђ. Поповић. –
2. изд. – Београд : Просвета, 2014 (Ужице : Графичар).
– 196 стр. : илустр. ; 20 cm

Ауторова слика. – Тираж 500. – Прилог I-II:
стр. 171-189:

ISBN 978-86-07-02057-7

a) Поповић, Цвјетко Ђ. (1896-1980)
b) Сарајевски атентат 1914
c) Босна и Херцеговина – Историја – 1908-1919
COBISS.SR-ID 206916108

* 9 7 8 8 6 0 7 0 2 0 5 7 7 *